日本語研究者が
やさしく教える

「きちんと伝わる」
文章の授業

石黒 圭

井伊菜穂子　市江 愛　井上雄太　本多由美子

日本実業出版社

はじめに

文章の書き方を勉強する

　この本は、文章を書くのが苦手な人のための本、そして、上手になりたい人の本です。

　文章を書くのが苦手な人、上手になりたいと考えている人は、文章を書くのが得意な人にしばしば質問します。「どうすれば文章が書けるようになりますか」

　得意な人はこう答えるでしょう。「どうすればって、普通に書けばいいじゃん」

　しかし、文章が苦手な人は「普通に」がわからないのです。文章が得意な人の大部分は、その「普通に」を説明することができません。なんとなく書けるようになったからです。

　文章を書くのが苦手な人だって、日本語のできない外国人に「どうすれば日本語が話せるようになりますか」と聞かれたら困るでしょう。とくに勉強しなくても、知らぬ間に話せるようになったからです。

　日本語のできない外国人が、初級・中級・上級と、段階を追って日本語の話し方を勉強して日本語の話し方を身につけていくように、文章を書くのが苦手なみなさんも、段階を追って文章の書き方を勉強しなければなりません。この本は、段階を追って文章の書き方を勉強する本です。

文章の書き方の5段階

　文章とはなんでしょうか。文章とは、書き手が考えたことを文字にしたもので、読み手に読んでもらうために書かれたものです。文章が満たすべき条件はこの2つだけです。そう考えると、文章を書くのは簡単に思えるのですが、じつは大変な作業です。

　まず、書き手が考えたことを文字にすること自体、慣れない人には大変です。文章がまとまった長さのものだという事実が、その大変な作業に拍車をかけます。さらに、読み手に読んでもらえるものにするという作業もまた、慣れない人には大変です。読んでわかりやすく、読み手を不快にさせない書き方をしないといけないからです。

　文章を書くというこの難事業を少しでもやさしくするために、この本では文章を書くプロセスを5つの段階に分けて示しています。

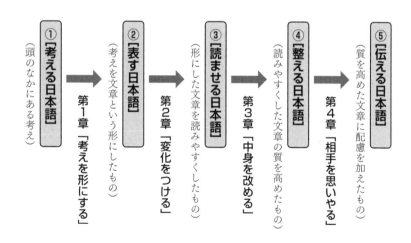

① 「考える日本語」（頭のなかにある考え）　第1章「考えを形にする」　② 「表す日本語」（考えを文章という形にしたもの）　第2章「変化をつける」　③ 「読ませる日本語」（形にした文章を読みやすくしたもの）　第3章「中身を改める」　④ 「整える日本語」（読みやすくした文章の質を高めたもの）　第4章「相手を思いやる」　⑤ 「伝える日本語」（質を高めた文章に配慮を加えたもの）

この図は、書き手の頭のなかにある①［考える日本語］が、読み手が読んできちんと理解できる⑤［伝える日本語］に至る前に、②［表す日本語］、③［読ませる日本語］、④［整える日本語］の３段階を経ることを示しています。

　①［考える日本語］とは、頭のなかにある書きたい内容そのものであり、②［表す日本語］とは、①［考える日本語］を文章という形にしたものです。①［考える日本語］を②［表す日本語］にするためには、頭のなかでアイデアを組み立てて文章にする必要があります。第１章「考えを形にする」では、文章の組み立て方を考えます。

　③［読ませる日本語］とは、形になった文章を読み手に読みやすくしたものです。②［表す日本語］を③［読ませる日本語］にするためには、文章構成に変化をつけて、流れを作りだす必要があります。第２章「変化をつける」では、文章構成に流れを与える方法を考えます。

　④［整える日本語］とは、読みやすくした文章を内容面から整えて、情報の質を高めたものです。③［読ませる日本語］を④［整える日本語］にするためには、書かれた内容を吟味して、情報の質を高める必要があります。第３章「中身を改める」では、文章に盛り込まれた情報を精査する方法を考えます。

　⑤［伝える日本語］とは、質を高めた文章を待遇面から検討して、読み手にたいする配慮を加えたものです。④［整える日本語］を⑤［伝える日本語］にするためには、書き手の書いた文章を読み手が気持ちの面でどう受け止めるかを配慮する必要があります。第４章

「相手を思いやる」では、文章を読む読み手の気持ちに寄り添う方法を考えます。

本書の目的

　ここまで読めば、この本の目的がおわかりになるでしょう。頭のなかで考えたことを文章という形にして、読み手にきちんと読んでもらえるようにする方法を、5つの段階に分けて考える本です。この本の全4章で、その5つの段階を登りきる方法を伝授し、文章を書くという苦手な作業を楽しいものに変えることが、本書の目的です。

　日本語がだれでも話せるように、文章も誰でも書けるものです。文章を書くというのは長距離走と同じですので、けっして楽なものではありません。もちろん、ゴールにたどり着くまでのタイムは人によって違うでしょうが、練習すれば、完走はだれでもできるものです。文章の書き方を本書で練習し、ぜひ文章という長距離走を完走してください。読者のみなさんと伴走する執筆者一同、みなさんの完走を陰ながら、そして心から応援しています。

2023年1月　執筆者を代表して　石黒圭

日本語研究者がやさしく教える
「きちんと伝わる」文章の授業

もくじ

第 **2** 章 | 変化をつける

第3章 | 中身を改める

第**4**章 | 相手を思いやる

第 1 章

考えを形にする

　第1章では、頭のなかにある考えを文章という形にする方法を考えます。英語では作文のことをcompositionと言います。英語では、作文をcomposition、すなわち文章を組み立てることと考え、段落というパーツで文章を組み立てるパラグラフ・ライティングという方法を学びます。

　第1章「考えを形にする」では、そうした文章の組み立て方について、アイデアの可視化、文章の3部構成、段落のつくり方の3つの観点から学びます。

アイデアを可視化する

いざ文章を書こうと机に向かった際、何からはじめたらいいのかわからなくなってしまった経験はありませんか。ここでは頭の中のアイデアを目に見える形にする方法を学びます。

うーん、頭の中では完璧なはずなのになあ……

井上くん

机の前で頭を抱えているようですけど、どうしましたか？

おいしいカレーのレシピを投稿しようと思ったのですけど、いざスマホを持つと手が止まってしまって

まずはどんなことを書きたいと思っているか、ポイントを小さなカードにまとめてみるといいですよ

井上くんのつくったカード

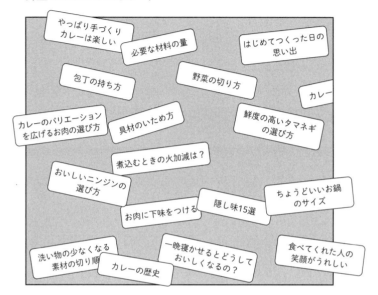

やっぱり手づくり
カレーは楽しい

必要な材料の量

はじめてつくった日の
思い出

包丁の持ち方

野菜の切り方

カレー

カレーのバリエーション
を広げるお肉の選び方

具材のいため方

鮮度の高いタマネギ
の選び方

煮込むときの火加減は？

おいしいニンジンの
選び方

お肉に下味をつける

隠し味15選

ちょうどいいお鍋
のサイズ

洗い物の少なくなる
素材の切り順

一晩寝かせるとどうして
おいしくなるの？

食べてくれた人の
笑顔がうれしい

カレーの歴史

ステップ1 アイデアを総ざらいする

　文章を書こうとする際、どこから手をつけるでしょうか。頭の中にあることがすらすら文章になるという人は滅多にいません。書いてみたいけど、何からはじめればいいかわからないという人がほとんどではないでしょうか。ここでは、そんな人のためにアイデアを簡単にまとめられるカードを使った方法を紹介します。

　まずは、単語帳のカードやふせんの粘着メモを用意し、書きたいポイントを頭に思い浮かべ、思いついた順にどんどん新しいカードに書き込んでみましょう。せっかくですからちょっと今回は書かな

いかもしれないということも、物怖じせず一度文字にして名前をつけてみるのがおすすめです。普段考えていたことや気になっていたことを目に見える形にすると、自分の中には文章の種がこんなにあったのかと驚くかもしれません。

ステップ2 アイデアをグループにまとめてみる

さて、頭の中でぼんやりとしていたアイデアがようやく形になりはじめてきました。たとえば、「おいしいカレーのつくり方」がテーマであれば、きっとレシピの断片がカードにたくさん書き込まれているでしょう。とはいえつくったカードを目についた順に文章にしてしまうと、「具材のいため方」のあとに「おいしいニンジンの選び方」の説明がはじまってしまったりと、何が言いたいのかわからない文章になってしまう危険が残っています。

そこで、文章を書きはじめる前にもうひと手間かけてみましょう。つくったカードをもう一度見てみると、テーマに沿ってはいるけれど、内容がかなりバラバラになっていることがわかります。ここはひとつ落ち着いて、1枚1枚のカード同士の関係を整理してアイデアをまとめてみましょう。きっと伝えたいことのキモが見つかるはずです。

おいしいカレーについて考えたカード、たくさんできました！　もうこれでいくらでも書けそうな気がします

たくさんアイデアが書けたけど、これが全部レシピに書いてあったら読み終わるまでに夜が明けちゃうかもしれませんね

この「隠し味15選」とか「カレーの歴史」はちょっと細かすぎたかも

一度に全部伝えるのは大変だからね。つくったアイデアを整理してみると、何から書いたらいいか考えるヒントになりますよ

　さて、カードを整理してみると言われても、たくさんありすぎてどこから手をつけてよいかわからなくなるかもしれません。まずは似た内容のカードを集めていくつかのグループにしてみましょう。たとえば、「必要な材料の量」「おいしいニンジンの選び方」「鮮度の高いタマネギの選び方」「カレーのバリエーションを広げるお肉の選び方」は料理をはじめる前の買い物に関係することです。こうやって分けておけば、「具材のいため方」について書いているところで、ついつい別グループの「おいしいニンジンの選び方」を書き

はじめたくなることを防ぐことができます。

　カードをあっちに移したりこっちに移したりと忙しいので、ホワイトボードやテーブルなど広いところで行なうのがおすすめです。まわりに家族や友人がいたら、広げたカードをパッと見て意味がわかるか、聞いてみるとよいでしょう。他者のコメントは考えの整理に役立ちます。

　もちろんカードをグループ分けしている間に思い浮かんだら、「カレーに合うジャガイモの選び方」などのカードを追加でつくっても構いません。文章の準備ははじまったばかりです。しっかりアイデアを練り上げましょう。

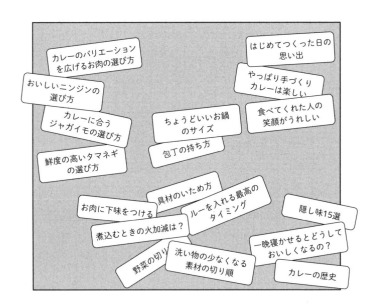

ステップ3 グループごとに名前をつける

　さて、ここまで来たらもう一息です。今度は、グループごとに名前をつけてみましょう。たとえば、先ほどあげた「カレーに合うジャガイモの選び方」「おいしいニンジンの選び方」「鮮度の高いタマネギの選び方」「カレーのバリエーションを広げるお肉の選び方」などは「買い物」グループに、「野菜の切り方」や「煮込むときの火加減は？」「具材のいため方」は「料理の手順」グループに、といった具合です。

　このグループの名前をカードに書き込んでいきましょう。グルー

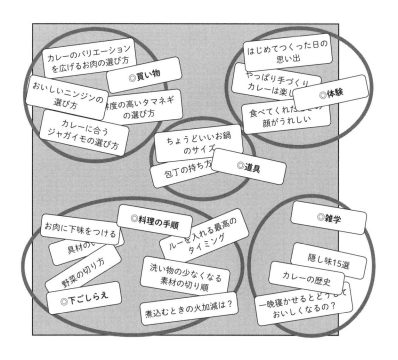

プごとに名前をつける際には、わかりやすいようカードに記号をつけたり、ペンの色を変えてみると一目でわかりやすくなりますし、見た目に楽しくなってきます。グループの名前は文章を書くときの見出しとして役立ちます。

　グループに名前をつけてみると、グループの中にもう1つ小さなグループがあることに気づくかもしれません。たとえば、「料理の手順」グループの「野菜の切り方」と「洗い物の少なくなる素材の切り順」「お肉に下味をつける」は「下ごしらえ」グループとしてまとめられそうです。このような場合には新たにカードをつけ加えて、さらに小グループとしてまとめてみましょう。もちろん、気がついたらいつでも新しいカードを増やしましょう。こういったグル

◎料理の手順
・ルーを入れる最高のタイミング
・煮込むときの火加減は？
・具材のいため方

◎下ごしらえ
・お肉に下味をつける
・野菜の切り方
・洗い物の少なくなる素材の切り順

◎必要な材料
・カレーに合うジャガイモの選び方
・おいしいニンジンの選び方
・鮮度の高いタマネギの選び方
・カレーのバリエーションを広げるお肉の選び方

◎雑学
・隠し味15選
・カレーの歴史
・一晩寝かせるとどうしておいしくなるの？

◎体験
・はじめてつくった日の思い出
・やっぱり手づくりカレーは楽しい
・食べてくれた人の笑顔がうれしい

ープとグループの関係を階層構造と言います。このように、カード
をまとめると、頭のなかのアイデアの関係がよりすっきりと目に見
えるようになると思います。片づけるときにはあとで見返せるよう
に、写真に撮っておくのをお忘れなく。

　このアイデアをどういう順序で書くのがよいのだろうと気になる
人は、このまま次の「構成に沿って書く」に進みましょう。カード
にしてはみたけれど、もっとくわしく書けるようになってみたい、
書く内容に自信がない部分がある、という人はここで3章の「中身
を改める」をのぞいてしまってもよいでしょう。

Point

● 文章を書く前に頭の中にあるアイデアを総ざらいし
てみましょう。

● アイデアの整理の際にはまず、アイデアをグループ
にまとめてみましょう。このときに、足りないアイ
デアを追加したり、不要なアイデアを削除するとな
およいです。

● グループごとに名前をつけ、アイデアごとの階層関
係を整理しましょう。

構成に沿って書く

アイデアは浮かんでいるものの、何から書きはじめたらいいか
わからないという経験はありませんか。ここでは、文章全体の
構成を考え、構成に沿って書く方法を学びます。

書きたいアイデアがだいぶまとまってきましたね

はい。整理してみて気づいたのですが、今回はカレーのレ
シピ全体について書くのではなく、「◎必要な材料」のグ
ループに焦点を当てて「カレーの材料の選び方のコツ」を
紹介する記事にしたいです

なるほど。1つのテーマについて深く書くのもいいですね

はい。でも、具体的に何から書きはじめたらいいかわからなくて……

そういうときは、文章全体の構成を考えるところからはじめてみるといいですよ

井上くんが書いたカレーのレシピのアイデアのメモ（前章より）

◎料理の手順
・ルーを入れる最高のタイミング
・煮込むときの火加減は？
・具材のいため方

◎下ごしらえ
・お肉に下味をつける
・野菜の切り方
・洗い物の少なくなる素材の切り順

◎必要な材料
・カレーに合うジャガイモの選び方
・おいしいニンジンの選び方
・鮮度の高いタマネギの選び方
・カレーのバリエーションを広げるお肉の選び方

◎雑学
・隠し味15選
・カレーの歴史
・一晩寝かせるとどうしておいしくなるの？

◎体験
・はじめてつくった日の思い出
・やっぱり手づくりカレーは楽しい
・食べてくれた人の笑顔がうれしい

文章は「はじめ」「なか」「おわり」で書くことができる

　前章では、頭の中にあるアイデアをカードに書き出し、グループ化する作業を行ないました。ここまでできると、自分が書こうとしていることがずいぶん具体的になってきたのではないでしょうか。

　しかし、今のままでは、アイデアのグループがバラバラに配置されているだけで、グループ同士のつながりが明確ではありません。このままでは、どのグループから書きはじめればいいのか、そしてどのように文章を展開していけばいいのかがわからず、筆を持つ手が止まってしまいます。グループ同士のつながりを考えて、1本の線の状態にする必要がありますね。

　そこでポイントになるのが、**文章全体の構成を考え、そこにアイデアのグループをあてはめるということです。**

　そもそも**構成**とはなんのことでしょうか。

　文章の構成とは、文章をいくつかの部分に分けたときの要素の組み合わせのことです。文章を書くときの型にもなります。たとえば、「起承転結」という言葉があります。「起承転結」は、文章を「起（導入）」「承（展開）」「転（転換）」「結（結末）」の4つの部分に分けて構成する、代表的な文章構成の1つです。しかし、小説のような物語文で使われることはありますが、実用的な文章を書くときはあまり役に立ちません。学校で書く小論文や、ビジネス場面で書く依頼文、井上くんが書こうとしている紹介文など、だれもが書く機会の多い文章は、どのような構成で書けばいいのでしょうか。

ここでは、便利な文章構成として、**「はじめ」「なか」「おわり」の3部構成**を紹介します。日常生活で必要な多くの文章が、この3部構成で書くことができます。「はじめ」「なか」「おわり」は文字通り、文章の中の位置を指しています。文章の最初の部分が「はじめ」、真ん中の部分が「なか」、最後の部分が「おわり」です。

はじめ	文章の最初の部分
なか	文章の真ん中の部分
おわり	文章の最後の部分

　「いやいや、『はじめ』『なか』『おわり』だけだと具体的に何を書いたらいいかわからないよ」、そんなふうに思った方もいるでしょう。ここからは、「はじめ」「なか」「おわり」の中にどのような要素を書けばいいのかについて、下記の3つのステップに沿って紹介していきます。

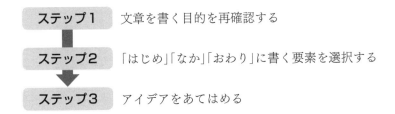

ステップ1	文章を書く目的を再確認する
ステップ2	「はじめ」「なか」「おわり」に書く要素を選択する
ステップ3	アイデアをあてはめる

ステップ1 文章を書く目的を再確認する

　多くの文章は「はじめ」「なか」「おわり」の3部構成で書くことができる、と紹介しました。それでは、「はじめ」「なか」「おわり」の3部構成に沿って文章を書こうとする場合、具体的にどのような手順を踏んで書けばいいでしょうか。

　まずはじめにすべきことは、なんのためにその文章を書くのか、すなわち、**文章を書く目的を再確認する**ことです。これは、**「はじめ」「なか」「おわり」の中身が、文章を書く目的によって変わってくるから**です。文章には依頼文や意見文などのジャンルがあり、ジャンルが目的によって決まります。推薦状の作成を学校の先生に「お願いする」ために文章を書く場合は依頼文、受験対策の小論文で自分の意見を「主張する」ために文章を書く場合は意見文です。井上くんの場合は、カレーの材料の選び方のコツを読み手に「紹介する」ための紹介文を書こうとしています。

ジャンル	目的	具体例
依頼文	お願い	推薦状の作成を依頼する
意見文	主張	小論文で自分の意見を主張する
謝罪文	お詫び	商品の発注ミスについて謝罪する
解説文	解説	事件の原因や結果を説明する
紹介文	紹介	カレーの材料の選び方のコツを紹介する

ステップ2 「はじめ」「なか」「おわり」に書く要素を選択する

文章を書く目的を再確認したら、その目的に合わせて「はじめ」「なか」「おわり」に書く要素を選択します。その際ポイントになるのが、「はじめ」に書く要素です。

「はじめ」は文字通り文章の最初の部分ですが、ここに何を書くかによって、文章は大きく2つのタイプに分けられます。

文章の結論からはじめるタイプ	依頼文、意見文、謝罪文
話題の導入からはじめるタイプ	解説文、紹介文

1つは、**「はじめ」の部分に、文章の結論を持ってくるタイプの文章**です。結論が文章のはじめに来ることで、読み手にわかりやすく文章の主旨を伝えることができます。このタイプの文章は、依頼文、意見文、謝罪文によく見られます。依頼文、意見文、謝罪文はいずれも、読み手に対する具体的な働きかけがある点が特徴です。特に依頼文や謝罪文のように特定の読み手（上司や取引先など）に要件を伝える文章では、結論を最初に述べる方法が有効です。

一方、**「はじめ」の部分に、結論ではなく、話題の導入を持ってくるタイプの文章**もあります。さきほどのように文章が結論からはじまると、文章の主旨をわかりやすく伝えることができる一方、この先どのような展開になるのか、どのような結末を迎えるのかとい

う臨場感を味わうことはできなくなるからです。また、読み手がその文章のテーマにまだ感情移入できていない場合、そのまま置いてきぼりにしてしまう恐れもあるでしょう。

　たとえば、ブログなどで特定のテーマについて紹介する紹介文では、「はじめ」の部分で読み手の興味を惹きつけないと、続きを読んですらもらえません。また、解説文も、解説の前提となる出来事の導入を行ない、その説明に基づいて解説する必要があるため、話題の導入から始まることが多いジャンルです。出来事の導入を飛ばしていきなり出来事の原因や背景を示されても、読み手は戸惑うばかりです。解説文のように複雑な内容を説明する場合、前提を読み手に十分わかってもらい、その上で本題に入るという心がけが大切です。

　「はじめ」で書かれる内容から、文章を大きく２つのタイプに分けましたが、それぞれ「なか」と「おわり」ではどのような要素が必要になるでしょうか。ここからは目的別に見ていきます。

◆わかりやすく伝える依頼文

　まず、「お願いする」ために文章を書く依頼文からとりあげます。

　依頼文は、高校や大学で先生に向けて書いたり、ビジネス場面で同僚や取引先宛てに書いたりと、書く機会が多い文章です。しかし、**依頼したい内容がわかりやすく伝わらないと、読み手を困らせたり、場合によっては不愉快な気持ちにさせてしまう恐れもあります。**そのような状況を避けるために、次のような３部構成で書くのがおすすめです。

依頼文では、「はじめ」で「〇〇についてご依頼したいことがあります」のように「結論」を述べた後、「なか」で結論に至った「背景・理由の説明」と「依頼内容の説明」を行ない

依頼文

はじめ	結論
なか	背景・理由の説明 依頼内容の説明
おわり	結論

ます。そして最後に、「おわり」でもう一度「ご検討よろしくお願いします」と依頼の旨を繰り返すことで、依頼文としてのまとまりがよくなります。

（**例1**）　いつもお世話になっております、××です。

　明後日の面談の日程変更をお願いしたく、ご連絡させていただきました。　　　　　　　　　　　　**［結論］**

　実は昨日、自転車で転倒してしまい足を怪我してしまいました。1週間は安静にしているようにと言われているため、明後日の面談に伺うことができません。

　　　　　　　　　　　　　　　［背景・理由の説明］

　お忙しいところ恐れ入りますが、面談の日程を変更していただくことは可能でしょうか。〇月×日以降の午前中であれば、いつでも大丈夫です。

　　　　　　　　　　　　　　　［依頼内容の説明］

　ご検討のほどよろしくお願いいたします。　**［結論］**

◆主張が目的の意見文

　続いて、「主張する」ことを目的とした意見文です。似た目的に「提案する」や「説得する」などもありますが、ここでは「主張する」で代表して説明します。

　「主張する」ということは、自分の主張を述べ、その主張を読み手に受け入れてもらうことが目的になります。その目的を達成するた

意見文

はじめ	結論
なか	理由の説明 反対意見への譲歩と反論
おわり	結論

めのポイントは２つです。**１つは、「はじめ」で「結論」として主張を述べ、読み手に主張をわかりやすく伝えること。もう１つは、主張の説得力を上げるために、「なか」の部分で「理由の説明」と「反対意見への譲歩と反論」を行なうことです。**

　「反対意見への譲歩と反論」では、「たしかに～ですが、……」「たしかに～です。しかし……」のように、**想定される反対意見に対して「たしかに」で譲歩する姿勢を見せ、「しかし」など逆接の表現の後に反論を述べる**のが典型的な方法です。このような要素を加えることで、書き手が自分の考えに固執せず、広い視野でさまざまな意見を考慮していること、そのうえで自分の主張が最適であると考えていることを伝えることができ、説得力を上げることができます。

（例2）　「ライブやコンサートは、現地開催よりもオンライン開催のほうがいい」という意見があるが、私はこの意見に反対である。[結論] なぜなら、会場の一体感は、現地に行かなければ味わうことができないからである。たとえば、観客が同じタイミングで歓声をあげたり、曲に合わせて一斉に体を動かしたりする一体感は、自宅で一人で見ているときには体験できないだろう。[理由の説明]

　たしかに、オンライン開催にも、収容人数に上限がないぶん応募すれば必ずチケットを手に入れられたり、アーティスト側も売り上げが伸びやすいというメリットがある。しかし、現地の会場や、会場周辺にある商業施設、ホテル、交通機関などへの経済的な打撃を考えると、オンライン開催ばかりが続くことには問題があるだろう。[反対意見への譲歩と反論]

　以上から、私はライブやコンサートはオンライン開催よりも現地開催のほうがいいと考える。[結論]

◆言い訳にならないよう気をつけたい謝罪文

「お詫びする」ことを目的とした謝罪文も、書き方に注意が必要なタイプの文章です。なぜなら、書き方によっては言い訳がましく見えてしまい、逆に読み手を不愉快な気持ちにさせてしまう恐れがあるからです。

謝罪文でも、これまでと同様、「はじめ」で「結論」を述べる点が重要になります。 ここで言う「結論」とは、謝罪をすることや、謝罪をするためにこの文章を書いている

謝罪文

はじめ	結論
なか	事態・原因の説明 今後の対処
おわり	結論

のだと伝えることを指します。その後、「なか」の部分で「事態・原因の説明」と「今後の対処」について述べます。問題が生じた原因とそれに対する対処の内容、さらには再発防止策を示すことで、同じ失敗を繰り返さないようにする誠実な姿勢を見せることができます。

◆背景が重要な解説文

解説には、ニュースの事件・事故の解説、スポーツの試合の解説、試験問題の解答の解説など、さまざまなものがあります。そうした解説に共通しているのは、結果だけ見て

解説文

はじめ	前提の導入
なか	背景の説明 具体例の提示
おわり	まとめ

もわからない事柄に対し、その結果に至る過程をくわしく分析し、背景を深く掘り下げることで読み手の理解を深めるということです。

そのため解説文では、説明が必要となる事柄の結果を前提として「はじめ」で示し、その結果に至る背景を「なか」で示すという構成が必然となります。「おわり」では、まとめとして背景と結果のつながりを確認すれば、文章の説得力が高まります。

◆不特定多数の読み手を惹きつけたい紹介文

最後に「紹介文」は、作品や場所や方法など、読み手が知らないと思われる有益な情報を伝えることを目的に書かれる文章で、TwitterやブログなどのSNSでよく見られます。ここでは特に、長い文章で書くことの多いブログでの文章を想定して考えていきます。

「紹介する」ための文章では、「はじめ」として「話題の導入」からはじめる点がポイントです。「話題の導入」は、その文章で何を紹介するかについて述べる

紹介文

はじめ	話題の導入
なか	紹介する事柄① 紹介する事柄② 紹介する事柄③
おわり	まとめ

のですが、大切なのは読み手を惹きつけるような工夫も合わせて行なうということです。

たとえば、次ページの（例3）のように突然本題に入るよりも、（例4）や（例5）のように読み手に問いかけたり、読み手にとって身近だと思われる状況を示すことで、文章でとりあげる話題に対する興味をぐっと惹きつけることができます。読み手を惹きつける

導入については、第2章③「導入で興味を惹きつける」の節でくわしく紹介しているので、そちらもぜひご覧ください。

（**例3**）今日は、カレーのレシピを紹介します。

（**例4**）暑い日が続くと、無性にカレーを食べたくなることはありませんか？

（**例5**）暑い日が続いて力が出ない、そんなときにおすすめなのがカレーです。

「はじめ」に続く「なか」では、紹介したい事柄のトピックを箇条書きで示し、それぞれくわしく説明するという方法が多く取られます。具体的な内容やトピックの数は、何を紹介するかによって変わってきます。たとえば、井上くんの場合、カレーの材料の選び方として、「カレーに合うジャガイモの選び方」「おいしいニンジンの選び方」「鮮度の高いタマネギの選び方」「カレーのバリエーションを広げるお肉の選び方」などが「なか」の部分のトピックになりそうです。

目的別の文章構成がたくさん出てきました。ここまでついてこれていますか？

はい。これから書こうとしている紹介文の流れが、だんだん見えてきました

ステップ3 アイデアをあてはめる

　「はじめ」「なか」「おわり」に入れる要素が決まって、文章全体の構成が見えてきました。最後に、構成の中に具体的なアイデアをあてはめる作業をしていきます。ここでは井上くんのカレーのレシピを例に挙げながら見ていきましょう。

　井上くんのように「紹介する」文章を書く場合は、「はじめ」で「話題の導入」を、「なか」で「紹介する事柄」を、「おわり」で「まとめ」を書くのが典型的であることを示しました（ステップ2参照）。それぞれ井上くんのアイデアカードをあてはめると、下の表のようになります。

　今回、井上くんは、アイデアのグループから「◎必要な材料」だけを取り出しました。**すべてのアイデアを無理に詰め込むのではなく、情報の取捨選択をすることも大切です。**情報の選び方については第2章「情報を選んで書く」の節でくわしくとりあげているので、ぜひ参考にしてみてください。

井上くんが書いた紹介文の文章構成

はじめ	話題の導入
なか	①カレーに合うジャガイモの選び方 ②おいしいニンジンの選び方 ③鮮度の高いタマネギの選び方 ④カレーのバリエーションを広げるお肉の選び方
おわり	まとめ

文章全体の構成が決まるとゴールが見えてきて、なんだか書けそうな気がしてくるなぁ

Point

● 多くの文章は「はじめ」「なか」「おわり」の３部構成で書くことができます。

● 構成に沿って書くときの３つのステップが、【①文章を書く目的を再確認する➡②「はじめ」「なか」「おわり」に書く要素を選択する➡③アイデアをあてはめる】です。

● 「はじめ」の部分は、文章の結論からはじめるタイプの文章と、話題の導入からはじめるタイプの文章に分けられます。「なか」の部分は、理由の説明や、詳細な内容の説明など、文章を書く目的によって変わってきます。「おわり」は多くの場合「結論」です。

段落を整える

長い文章を書くときは、全体の構成だけでなく、段落のつくり方や、段落と段落のつながりをスムーズにすることもポイントです。ここでは段落を整える方法について考えていきます。

文章全体の構成が決まりましたね。それでは、実際に文章を書く作業に入りましょう

とうとう書きはじめるんですね！ とりあえず思いついたことから書いてみたいと思います

まぁそう慌てずに。文章を書くときは、段落のつくり方や、段落と段落をつなぐ方法がわかると書きやすくなりますよ

段落とは？

　「段落」と聞いて多くの人が思い出すのが、小中学校の国語の授業で習った**「形式段落」**と**「意味段落」**ではないでしょうか。形式段落は、改行一字下げによって区切られたまとまりのこと、意味段落は、改行一字下げの有無は問わず、内容面のまとまりのことです。どこで改行をして段落をつくるかは書き手が自由に決めることができますが、**形式段落と意味段落がうまく一致すると、読み手にとってわかりやすい段落になります。**

　しかし、実際にはあまり深く考えずに改行をして、段落をつくってしまう人も多いのではないでしょうか。感覚で段落をつくると、その段落で何が言いたかったのかが読み手に伝わらず、わかりづらい段落になってしまいます。

　そこで重要なのが、**伝えたいことを中心に段落をつくる**ということです。「伝えたいことを中心にってどういうこと？」と思った読者の方もいるかもしれません。ここでは、井上くんの「カレーに合うジャガイモの選び方」を例に挙げながら、4つのポイントに沿って、説明していきます。

ポイント１	はじめに段落を通して伝えたいことを述べる
ポイント２	伝えたいことを支える根拠や具体例などを書く
ポイント３	1つの段落に伝えたいことをたくさん詰め込まない
ポイント４	段落と段落のつながりを考える

伝えたいことを中心に段落をつくる

ところで井上くんは「カレーに合うジャガイモの選び方」について、どんなことを書こうと思っていましたか?

ちょっとメモに書いてみます

・カレーに合うジャガイモの種類で迷う人が多い

・「男爵」と「メークイン」の特徴

・カレーには「メークイン」のほうが合う

・2日目のカレーがおいしいのはジャガイモのおかげ

なるほど、カレーには「メークイン」のほうが合うんですね

そうなんです、それが「カレーに合うジャガイモの選び方」で伝えたいことです

では、それを中心に段落をつくっていきましょうか

ポイント1 はじめに段落を通して伝えたいことを述べる

　最初のポイントは、**段落のはじめの文で、その段落を通して書き手が伝えたいことを述べる**ということです。読み手は、今読んでいる文章がこの先どのように展開していくのかがわからないと、「自分はどのような結末に連れていかれるのだろうか」と不安に感じてしまったり、「急いでいるのになかなか結論が出てこない」とイライラしてしまったりすることがあります。

　たとえば、買い物中に「男爵」を買うべきか「メークイン」を買うべきか迷って検索したときに、なかなか結論が出てこない長い文章を読むことになったら大変ですよね。最初に段落のゴールとして書き手が伝えたいことを示すことによって、そのような不安や焦りが生じるのを防ぎ、読み手の理解を助けるわかりやすい段落にすることができます。

ぼくの場合は、「カレーに合うジャガイモの種類は『メークイン』です」からはじめればいいんだな

ポイント2 伝えたいことを支える根拠や具体例などを書く

2つ目のポイントは、さきほど書いた**伝えたいことに続けて、その根拠や具体例などを書く**ことです。そうすることで、書き手が伝えたいことがより説得的に伝わるのと同時に、最初の文を中心とした段落をつくり上げることができます。

いくつか具体例を見てみましょう。たとえば、次のような文（書き手が伝えたいこと）が段落のはじめに来た場合、続きにはどのような文が来ると予想できるでしょうか。

（例1）　ジャガイモには、さまざまな種類があります。

（例2）　ジャガイモには、「メークイン」という種類があります。

（例3）　カレーに入れるジャガイモは、「メークイン」がおすすめです。

（例1）には「さまざまな」という表現があるので、「たとえば〜」と具体例が続くことを期待した方が多いのではないでしょうか。

また、（例2）では、「『メークイン』という」のように新しい言葉が導入されているので、「『メークイン』は〜」とくわしい説明が続くと予想した方が多いと思います。

（例3）では、「〜がおすすめです」という主張が述べられているので、「なぜなら〜」と理由の文がほしくなります。このように、最初の文（書き手が伝えたいこと）を読んだときに、読み手にとっ

て足りない情報を2文目以降で埋めていくことで、読み手にやさしく、段落としてもまとまりのよいものに仕上げていくことができます。

(例1)′　ジャガイモには、さまざまな種類があります。**たとえば、スーパーでよく見かけるのは、「男爵」や「メークイン」です。**

(例2)′　ジャガイモには、「メークイン」という種類があります。**メークインは、細長くなめらかな見た目のジャガイモで、煮崩れしにくい点が特徴です。**

(例3)′　カレーに入れるジャガイモは、「メークイン」がおすすめです。**なぜなら、煮崩れしにくく、しっかりとした食感を楽しめるからです。**

なお、1つの段落に複数の具体例を書くなどして段落が長くなった場合は、「**したがって**」や「**このように**」などを用いて段落の内容をまとめる文を最後に書くと、締まりのある段落になります。

ポイント3　1つの段落に伝えたいことをたくさん詰め込まない

3つ目のポイントは、**1つの段落に伝えたいことをたくさん詰め込まない**ようにすることです。「1段落1話題」を原則にすることを意識してみましょう。最初に挙げた井上くんが書きたいことリス

トには、「2日目のカレーがおいしいのはジャガイモのおかげ」という項目がありますが、これは他の3つとはやや異なる話題なので、それぞれ別の段落に分けて書くのがいいでしょう。

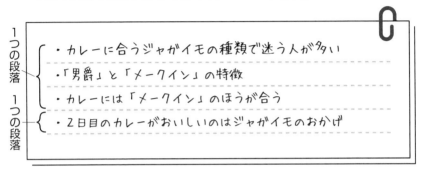

・カレーに合うジャガイモの種類で迷う人が多い
・「男爵」と「メークイン」の特徴
・カレーには「メークイン」のほうが合う

1つの段落

・2日目のカレーがおいしいのはジャガイモのおかげ

1つの段落

次は、段落の修正前の例と、3つのポイントにしたがってつくった修正後の例です。どちらのほうがわかりやすいか考えながら読んでみましょう。太字は、書き手が伝えたいことを指しています。

（修正前4） カレーに入れる定番の野菜と言えば、ジャガイモ、タマネギ、ニンジンです。タマネギとニンジンはどの種類を選ぶかで悩むことは少ないですが、ジャガイモは「男爵」を選ぶか「メークイン」を選ぶかで悩む人も多いのではないでしょうか。「男爵」は、ほくほくとした食感が特徴ですが、煮崩れしやすいという弱点があります。一方の「メークイン」は、煮崩れしにくく、しっかりとした食感を楽しめるジャガイモです。**したがって、煮込み料**

理のカレーには、煮崩れしやすい「男爵」よりも、煮崩れしにくい「メークイン」を使うのがおすすめです。ところでジャガイモは、2日目のカレーがおいしくなるという現象に一役買っています。というのも、ジャガイモには粘りのあるデンプンが含まれており、そのデンプンがカレーにとろみをつけ、カレーの味をよりおいしく感じさせるからです。その点では、「メークイン」に比べてやや煮崩れしやすいものの、その分とろみも出やすい「とうや」や「きたあかり」を使うのも一法です。

（修正後4）　ジャガイモを選ぶときに「男爵」にするか「メークイン」にするかで悩む人も多いと思いますが、カレーには「メークイン」のほうが向いています。「メークイン」は煮崩れしにくく、煮込んでもジャガイモのしっかりとした食感を楽しめるからです。一方の「男爵」は、ほくほくとした食感が特徴ですが、煮崩れしやすいという弱点があり、カレーのような煮込み料理には不向きだとされています。

　ところでジャガイモは、2日目のカレーがおいしくなるという現象に一役買っています。というのも、ジャガイモには粘りのあるデンプンが含ま

れており、そのデンプンがカレーにとろみをつけ、カレーの味をよりおいしく感じさせるからです。その点では、「メークイン」に比べてやや煮崩れしやすいものの、その分とろみも出やすい「とうや」や「きたあかり」を使うのも一法です。

段落ごとに伝えたいことを整理しておかないと、1つの段落にたくさん詰め込んでしまいそうです

そうならないように、「おいしいニンジンの選び方」「鮮度の高いタマネギの選び方」「カレーのバリエーションを広げるお肉の選び方」についても、段落ごとに何を書くかを考えておきましょう

・カレーに合うジャガイモの選び方
　【段落1】カレーに合うジャガイモの種類
　【段落2】2日目のカレーがおいしいのはジャガイモのおかげ

・おいしいニンジンの選び方
　【段落1】ニンジンを選ぶときのポイント
　【段落2】ニンジンは隠し味にしてもおいしい

・鮮度の高いタマネギの選び方

【段落1】タマネギの種類

【段落2】タマネギを選ぶときのポイント

・カレーのバリエーションを広げるお肉の選び方

【段落1】カレーに入れる定番のお肉の種類

【段落2】バリエーション①鶏の手羽元

【段落3】バリエーション②ひき肉

【段落4】バリエーション③いろいろなお肉を入れる

ポイント4 段落と段落のつながりを考える

　ここまで1つの段落をつくる方法を学んできましたが、実際の文章では段落がいくつも連なり、1つの文章を形成することになります。段落が複数ある場合、段落と段落をどのようにつないでいけばいいでしょうか。

　段落と段落のつながりをスムーズにするコツは、それぞれの段落の1文目をつないで読んだときに、文章の大まかな流れがわかるようにつくることです。たとえば、次の例では、各段落の最初の文（太字の箇所）をつなげて読むと自然につながる文章になっています。

（例5）　カレーは、つくったその日に食べるよりも、一晩置いた2日目のカレーのほうがおいしいとよく言われています。これは、カレーに具として入っているジャガイモに、粘りのあるデンプンが含まれており、そのデンプンがカレーにとろみをつけ、味をよりおいしく感じさせるからです。

　　しかし、2日目のカレーは食中毒の危険性が高いです。特に夏場の場合、室温で放置したり、大きな鍋の中に入れたままにしておくと、菌が増殖しやすくなります。

　　したがって、2日目のカレーを楽しみたいときは、小分けにして冷蔵保存し、食べる直前にしっかりと加熱するのが安全な方法です。暑い夏には冷蔵庫を上手に活用し、2日目のカレーをおいしく安全に味わいましょう。

　段落と段落のつながりを考える際にヒントになるのが、接続詞です。上記の例でも、2段落目に逆接の接続詞「しかし」、3段落目に順接の接続詞「したがって」が使用されています。

　次ページの表は、段落の最初で使用されやすい接続詞をまとめたものです。段落と段落のつながりを考えるときにぜひ参考にしてみてください。接続詞は他にもたくさんの種類がありますが、くわしくは第2章「文と文をスムーズにつなぐ」の節で紹介しています。

段落の最初で使用されやすい接続詞

接続詞			関係	用途
A	では	B	転換	Aを受けて新しい話題Bを述べる
A	このように	B	まとめ	Aを簡潔にまとめてBで述べる
A	なお	B	補足	Aを補足する事柄をBで述べる
A	また	B	並列	Aと似た事柄をBで述べる
A	一方	B	対比	Aと異なる側面を持つ事柄をBで述べる
A	しかし	B	逆接	Aから予想される結果に反する展開をBで述べる
A	したがって	B	順接	Aから導かれる結論をBで述べる

　ここで紹介した段落のつくり方は、英語における文章の書き方の作法である「パラグラフ・ライティング」を参考にしたものです。

　英語では、「パラグラフ（段落）」を「トピック・センテンス（中心文）」「サポーティング・センテンス（支持文）」「コンクルーディング・センテンス（結論文）」から構成します。「トピック・センテンス」とはその段落を通して書き手が伝えたいことを簡潔に述べる文、「サポーティング・センテンス」とはトピック・センテンスを支える文、「コンクルーディング・センテンス」とは段落をまとめる文です。段落のつくり方をもっと極めたいという読者の方は、パラグラフ・ライティングを扱った参考書も探してみてください。

カレーの材料の選び方

はじめ

　暑い日が続いて力が出ない……そんなとき、無性に食べたくなる定番の料理がカレーです。しかし、いつも同じ味では飽きてしまいますよね。今日は、ちょっと工夫するだけで普段と違う味が楽しめる、カレーの材料の選び方を紹介します。みなさん、買い物かごの準備はできていますか？おいしいカレーを食べて、暑い夏を乗り越えましょう！

なか

・**カレーに合うジャガイモの選び方**

　ジャガイモを選ぶときに「男爵」にするか「メークイン」にするかで悩む人も多いと思いますが、カレーには「メークイン」のほうが向いています。「メークイン」は煮崩れしにくく、煮込んでもジャガイモのしっかりとした食感を楽しめるからです。一方の「男爵」は、ほくほくとした食感が特徴ですが、煮崩れしやすいという弱点があり、カレーのような煮込み料理には不向きだとされています。

　ところでジャガイモは、2日目のカレーがおいしくなるという現象に一役買っています。というのも、ジャガイモには粘りのあるデンプンが含まれており、そのデンプンがカレーにとろみをつけ、カレーの味をよりおいしく感じさせるからです。その点では、「メークイン」に比べてやや煮崩れしやすいものの、その分とろみも出やすい「とうや」や「きたあ

かり」を使うのも一法です。

・おいしいニンジンの選び方

{省略}

・鮮度の高いタマネギの選び方

{省略}

・カレーのバリエーションを広げるお肉の選び方

カレーに入れる定番のお肉といえば、鶏もも肉、豚こま肉、牛の切り落とし肉です。定番とはいえ、この中のどれを選ぶかは地域や家庭によって異なります。「豚こま肉はよく入れるけど鶏もも肉は入れたことがない」という人もいるかもしれません。普段と違うカレーを楽しむという点でいえば、この定番のお肉の中でも普段カレーに入れたことのない種類を選んでみるのもいいでしょう。

では、さらに一味違うカレーを楽しむにはどのような種類のお肉を選ぶといいでしょうか。

まず思いつくのは、鶏の手羽元です。調理する際に骨に沿って切り込みを入れてから煮込むようにすると食べやすくなります。

また、ひき肉もおすすめです。ひき肉を入れるカレーといえばキーマカレーが浮かんできますが、普通のカレーに入れ

てもいつもと違ったおいしさを味わえます。ミートボールに
して煮込めば小さいお子さんも喜びそうですね。

　最後に紹介したいのが、いろいろな種類のお肉を入れる
方法です。たとえば、鶏もも肉、豚こま肉、ひき肉の3種
類のお肉を入れると、カレーのルウが味をまとめてくれます。
あまったお肉の消費にもぴったりです。

おわり

　定番メニューなだけあって、スーパーに行くとつい普段通
りの食材を手にとりがちですが、ジャガイモやニンジン、タ
マネギ、お肉の選び方をちょっと工夫しながら、いつもと違
うカレーを楽しんでみてください！

Point

● 段落をつくるときは、以下の4点を意識しましょう。

　　ポイント1：はじめに段落を通して伝えたいこと
　　　　　　　を述べる

　　ポイント2：伝えたいことを支える根拠や具体例
　　　　　　　などを書く

　　ポイント3：1つの段落に伝えたいことをたくさん
　　　　　　　詰め込まない

　　ポイント4：段落と段落のつながりを考える。

● それぞれの段落の1文目をつないで読んだときに文章全体のおおまかな流れが見えるようにすることがポイント。

第 **2** 章

変化をつける

　第2章では、形になった文章を読み手に読みやすく
する方法を考えます。文章を読みやすくする場合、文
章の流れが大事になります。読み手の立場から文章の
流れを感じ取り、読み手が理解しやすいように、さら
には文章の世界に引き込まれるように変化をつけるこ
とが大事です。

　第2章「変化をつける」では、変化をつけて文章の
流れをつくりだす方法について、情報の選び方、文の
つなげ方、導入の工夫の3つの観点から学びます。

情報を選んで書く

自分の経験を書くとき、多くの情報を伝えたくなりますが、情報を減らしたほうが伝わりやすい場合もあります。ここでは、忙しい読み手に文章を書く場合の①必要な情報の選び方、②わかりやすい情報の出し方を見ていきます。

先生……ちょっとご相談してもいいですか？

本多さん

おや、元気がありませんね。どうしたんですか？

アルバイト先の洋服屋さんで、「引き継ぎのメモが読みにくい」と先輩に言われてしまって……。ありのままを伝えようとして書いたのに……ショックです……

がんばって書いたけれど、先輩にはうまく伝わらなかったんですね。ちょっとそのメモを見せてくれませんか？

> ## 本多さんが書いた林先輩への引き継ぎメモ
>
> 林さん
>
> 　今日の夕方、山田さまという方から突然お電話があり、きのう、そちらの店でセーターを買ったが、袖が黄色く汚れていたと、怒ったように言われて怖かったです。昨日はお客さまが多かったので、汚れがついたのかもしれません。明日、同じものと取り替えてほしいと言われました。
>
> 　電話を保留にして、すぐに店長に報告したら、林さんに、山田さまがいらっしゃったらレシートを確認して交換するよう引き継いでください、と言われました。明日の午後1時にいらっしゃるそうです。このような電話ははじめてで緊張しました。よろしくお願いします。　　11/5（金）本多

読み手にとって必要な情報とは？

　もし、みなさんが林さんだったら……と想像してみましょう。忙しい日の朝、出勤してきてこのメモを読んだら、どのように感じますか。

最後まで読むと、山田さまというお客さまが来店すること、店長の指示があり、レシートを確認後、お客さまの持ってきた商品を交換することはわかりますが、さまざまな情報が混ざっているために、必要な情報が読み取りにくくなっています。林さんが急いでいたら、読み間違えたり、最後まで読まなかったりするかもしれません。本多さんは体験したこと、感じたことを順番に書いていますが、特に**業務の引き継ぎのような仕事のメモでは、読み手が何をすればよいかすぐにわかるように、読み手にとって必要な情報を選び、簡潔にまとめることが大切です。**

情報を3つに分類する

このメモに書いたことを「自分で実際に経験したこと」、「聞いた情報」、「感じたこと・思ったこと」の3つに分けてみましょう

3つにですか？　えーと……最初の文を分けてみました

| 最初の文 |

今日の夕方、山田さまという方から突然お電話があり、きのう、そちらの店でセーターを買ったが、袖が黄色く汚れていたと、怒ったように言われて怖かったです。

●実際に経験したこと：今日の夕方、山田さまという方から<u>突</u>
　　　　　　　　　　　<u>然</u>お電話があった。
●聞いた情報　　　　：<u>きのう、当店でセーターを買ったが、</u>
　　　　　　　　　　　<u>袖が黄色く汚れていた。</u>
●感じたこと　　　　：<u>怒ったように</u>言われて怖かった。

―――：先生がチェックした表現

　「実際に経験したこと」は本多さんが経験した事実です。この文
では、「今日の夕方、山田さまという方から電話があった」。が事実
です。「きのう、当店でセーターを買ったが、袖が黄色く汚れていた」
というのは、お客様から「聞いた情報」です。本多さんが事実かど
うか確認したわけではなく、本多さんの思ったことでもありません。
「怒ったように」というのは、本多さんが電話越しに受けた印象な
ので、「感じたこと」です。

　表現を見てみましょう。「今日の夕方」や「きのう」は、メモを
書いた本多さんと翌日メモを読む林さんでは異なる日を思い浮かべ
るかもしれません。日付を間違えると、大きなミスにつながる可能
性があります。それを避けるために、具体的な日付の情報を入れま
しょう。最初のメモでは最後に日付が書かれていますが、最後まで
読むことを前提とするのではなく、前から読んだときに、わかるよ
うに書くことが大切です。「突然お電話があった」の「突然」は本
多さんの驚いた様子が読み取れますが、これは事実とは言えないの
で、分類した文からは削除しましょう。

メモの最初から、「実際に経験したこと」と「聞いた情報」と「感じたこと」が混ざっているので、林先輩は読みにくいと感じたんですね

では、最初のメモの内容を3つに分けてみましょう

■ 情報の分類

実際に経験したこと	①今日（11/5）の夕方、山田さまより電話があった。 ②電話を保留にして、店長に報告した。 →店長から指示を受けた。 ・林先輩に、引き継ぐように ・山田さまが来たらレシートを確認して交換するように
聞いた情報 （山田さまの情報）	③きのう（11/4）、当店でセーターを買った。 ④袖が黄色く汚れていた。 ⑤明日、同じものと取り替えてほしい。 ⑥明日（11/6）の午後1時に来店する。
感じたこと・ 思ったこと	⑦怒ったように言われて怖かった。 ⑧きのうはお客さまが多かったので、汚れがついたのかもしれない。 ⑨このような電話ははじめてだったので緊張した。

読み手にとって必要な情報を選ぶ

次は、本多さんが林さんだったら……と考えてみましょう。分類した中から、朝、店に出勤したときに、「これだけは知りたい」と思うことを挙げてみてください

私が林先輩だったら、「これだけは知りたい」こと……。①「お客さまの名前」、②「店長の指示」、③④⑤「お客さまが店に来る理由」、⑥「お客さまの来店の時刻」かなあ……

　読み手の立場に立って、重要な情報を選んでみましょう。本多さんの答えのように、「情報の分類」の表の⑦〜⑨の「感じたこと・思ったこと」よりも、先に仕事の内容のほうが知りたい情報だということがわかります。本多さんのように、出来事を経験した本人は、自分の驚いたことや感じたことを伝えたくなりますが、少し落ち着いて、伝える内容を整理しましょう。

自分が書きたいと思ったことと、先輩が知りたいと思うこととは同じじゃないかもしれないんですね

次は、本多さんが、林さんにとって重要だと思った情報を組み合わせて、引き継ぎメモを書き直してみましょう

大きな情報を先に書いてから、くわしい情報を書く

　引き継ぎメモのように、読み手がさっと目を通すような文章で情報をわかりやすく伝えるには、次のような流れに気をつけるとわかりやすく書けます。

> ### メモの書き方
>
> 　大きな情報・すでに決まった予定　⇒　くわしい情報・補足
>
> 　　　　　　　　何が起こる？　⇒　どうすればいい？

　このメモの読み手にとって、「お客さまが来店する」というのは、決まった予定で重要な情報です。メモの最初にそのことを書きましょう。

> 書き直しました。番号は「情報の分類」の表の番号です

> ### 書き直したメモ1
>
> 　山田さまというお客さまが、⑥明日（11/6土）の午後1時に来店されます。③当店でセーターを買ったが、④袖が黄色く汚れていたため、⑤同じものと取り替えてほしいとのことです。
>
> 　②電話を保留にして、店長に報告したところ、店長から指示を受けました。林さんに引き継いで、レシートを確認

して交換してもらうようにとのことでした。よろしくお願い
します。

―――：先生がチェックした表現

　最初のメモと比べてかなりすっきりして、わかりやすくなったと
思いませんか。でも、もうちょっとまとめられそうですね。まず、
最初の文に「商品交換の件で」と入れれば、この1文でいつ何をす
るか、だいたいわかります。それから、具体的な日付を入れたので、
「明日」と書かなくてもわかりますね。「電話を保留にして」は不要
です。「店長に報告したら……交換してもらうようにとのことです」
と書いてあるので、「店長から指示を受けました」も、書かなくて
もわかります。
　忙しい読み手のことを考えて、読み手に必要だと思うことに絞っ
て簡潔に書くことを意識しましょう。

「電話を保留にして」は、私の対応を書いたんですが、こ
れは不要でしょうか

自分がどのように行動したかをくわしく書きたくなるのは
わかりますが、電話を保留にしたことは、林さんの仕事に
は関係しませんね。ここでは書かないことにしましょう

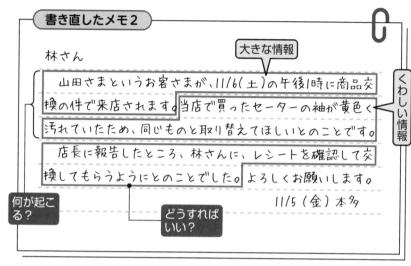

書き直したメモ2

林さん

山田さまというお客さまが、11/6(土)の午後1時に商品交換の件で来店されます。当店で買ったセーターの袖が黄色く汚れていたため、同じものと取り替えてほしいとのことです。

店長に報告したところ、林さんに、レシートを確認して交換してもらうようにとのことでした。よろしくお願いします。

11/5(金)本多

大きな情報

くわしい情報

何が起こる?

どうすればいい?

簡潔でわかりやすくなりましたね。これでも十分ですが、もうひとつの書き方として、箇条書きにする方法もあります

箇条書きを利用する

　内容が少ないときのメモは文章でもわかりますが、箇条書きのほうが便利な場合も多いです。項目に分かれていると、読み手は情報の確認がしやすいです。書き手のほうも項目を分けることによって、情報をより整理して考えやすくなります。

　お客さまや店長のような目上の人のことを文章に書く場合、敬語をどのように使うかを考えて、書くのに時間がかかってしまうことがありますが、箇条書きには情報を書けばよいので、敬語の使い方

に迷う人は、書く時間を短くすることもできるでしょう。

　ただし、箇条書きだけにすると、情報がただ並んでいるメモになってしまいます。そこで、**最初に頼みたい内容を書いてから、その下に情報を箇条書きにします。そうすると読み手は頼まれていることを理解したうえで箇条書きの情報を読むことができるので、伝わりやすいメモになります。**

このメモで、本多さんが林さんに頼みたいことはなんですか

今回はお客さまが来店するので、「お客さまの対応」と、店長から指示された「商品の交換」です

まずそれを頼んでから、そのことに必要な情報を箇条書きで書いてみましょう

（箇条書きのメモの書き方）

　　頼みたいこと　⇒　頼みたいことに必要な情報

先生、実は、ちょっと気になっていることがあります

どうしましたか？

やっぱり、「感じたこと」も書きたいんですが……。お客さまの様子とか……

確かに、お客さまの様子は重要な情報ですね。「感じたこと」や、つけ加えたいメッセージは、最後に書くとよいでしょう

書き直したメモ3

林さん

　商品交換のお客さまの対応をお願いできますでしょうか。店長から林さんに引き継ぐよう言われました。よろしくお願いします。

頼みたいこと

・お名前：山田さま

情報

・ご来店予定：11/6（土）午後1時

・商品・状況：当店で買ったセーター・袖が黄色く汚れていた。

・ご要望：同じものと取り替えてほしい。

・店長の指示：レシートを確認して交換するように。

感じたことやメッセージ

※電話を受けたとき、山田さまは怒っているような話し方で、少し怖かったです。このような電話ははじめてで緊張しました。

11/5（金）本夕

どうでしょうか。最後にお客さまの様子を入れて、私の感想も書きました

情報が整理されて、とてもわかりやすくなりましたね。つけ加えたいことや、メッセージを書き添えたい場合は、最後に書いて他の情報と書き分けることが大切ですね

Point

● 情報は次の３つに分類する。

　　①実際に経験したこと

　　②聞いた情報

　　③感じたこと・思ったこと

● 上の３つから、読み手にとって必要な情報を選ぶ

● 大きな情報を先に書いてから、くわしい情報を書く

● 箇条書きを利用する

文と文をスムーズにつなぐ

1つ1つの文は問題なく書けるのに、文同士のつながりがうまくいかない……そんな経験はありませんか？　ここでは、指示詞や接続詞を使って文と文をスムーズにつなぎ、先の展開の見通しをよくする方法を学びます。

菜穂子さん

> 先生、こんにちは！

> こんにちは。今日はどうしましたか？

> 実は今、自己PR文を書いているんですけど、うまく書けているか先生に見てほしいんです

> いいですよ。それではちょっと見せてくださいね

菜穂子さんが書いた自己PR文（①〜⑩は文番号）

①私の強みは、周囲の人と積極的にコミュニケーションが取れることです。②そして、もともとはコミュニケーションを取ることが苦手でした。③とくに初対面の人や普段話さない人を前にすると何を話したらいいかわからず、黙り込んでしまうことも多くありました。④でも、そのままでは駄目だと思い、手に取ったのが、コミュニケーションのコツを紹介した本です。⑤コミュニケーションのコツを紹介した本に書いてあることをアパレルショップでのアルバイトで実践するようにしました。⑥また、常連のお客さまの名前や好みを覚えて会話に取り入れたり、お客さまの好みを知るために店内での様子を観察し、声かけをして好みを聞いたりしました。⑦また、初来店のお客さまや、こちらに目を合わせてこないお客さまに対しては、テリトリーに踏み込みすぎないようにもしました。⑧そのように行動した結果、お客さまから「菜穂子さん、いつも気持ちのいい接客をありがとう」と言ってもらえるようになりました。⑨それに気づいてからは、アルバイト先の同僚や、クラスメートとのコミュニケーションも積極的に取れています。⑩御社で働くことができたら、周囲の人と積極的にコミュニケーションを取りながらよい信頼関係を築き、日々の業務に貢献していきたいです。

内容はいいと思いますが、文と文がスムーズにつながっていない部分がありますね

どうすればよくなるでしょうか？

指示詞や接続詞のような「つなぎことば」の使い方を学んでみましょう

指示詞を使って文と文をつなぐ

「指示詞」と聞くと、みなさんはどのようなことばを思い浮かべるでしょうか。そうです、「これ」や「そこ」、「あの」などのように、**物や場所、方向など、さまざまな対象を指すことば**です。「**こそあど言葉**」と習った人も多いと思います。

「こそあど」はそれぞれ、以下に示したような**コ系指示詞・ソ系指示詞・ア系指示詞**を指しています。最後の「ど」は、「どの」「どんな」のような特定のものを指さない表現なので、ここでは「こそあ」だけを取りあげます。

コ系指示詞	これ、ここ、この、こう、こんな等
ソ系指示詞	それ、そこ、その、そう、そんな等
ア系指示詞	あれ、あそこ、あの、ああ、あんな等

指示詞は、会話と文章でそれぞれ使い方が異なります。会話では、下の絵の女の子のように、**話している現場にあるものを指す**ときに多く使われます。**「現場指示」**と言われる用法です。

一方、文章では、現場指示のように実際の物を指すのではなく、**文章の中ですでに出てきた、あるいは、これから出てくる内容や表現を指す**ときに使用されます。**「文脈指示」**と呼ばれる用法です。たとえば、菜穂子さんの自己PR文を見ると、文④と⑤で「コミュニケーションのコツを紹介した本」という表現が繰り返し出てきます。同じ表現が何度も繰り返されると、読み手はしつこく感じてしまいますが、あとから出てくる「コミュニケーションのコツを紹介した本」を指示詞に置き換えることで、すっきりとした文になります。

> **（修正前１）**　④でも、そのままでは駄目だと思い、手に取ったのが、**コミュニケーションのコツを紹介した本**です。⑤**コミュニケーションのコツを紹介した本**に書いてあることをアパレルショップでのアルバイトで実践するようにしました。

> （**修正後1**） ④でも、そのままでは駄目だと思い手に取った
> のが、コミュニケーションのコツを紹介した本
> です。⑤**そこ**に書いてあることをアパレルショ
> ップでのアルバイトで実践するようにしました。

　このような指示詞の文脈指示の用法について、くわしく見ていき
ましょう。

文脈指示の用法

　文脈指示の用法は、「前方指示」「後方指示」「遠方指示」の３種
類に分けられます。それぞれ具体例を挙げながら見ていきます。

◆前方指示

　まず１つ目が、**直前に出てきた内容や表現を指す「前方指示」の
用法**です。さきほど見た修正後１の例も「前方指示」の例ですが、
直前の文の中にある表現を現在書いている文に持ち込むことによっ
て、前の文とのつながりをスムーズにすることができます。「前方
指示」の場合は、**ソ系指示詞が普通ですが、コ系指示詞の使用も可
能**です。

> （**例2**） ④でも、そのままでは駄目だと思い、手に取ったのが、
> コミュニケーションのコツを紹介した本です。⑤**そ**

こに書いてあることをアパレルショップでのアルバイトで実践するようにしました。

（（修正後１）の例の再掲）

◆後方指示

　２つ目の用法は、**指示詞の後ろに出てくる文脈を指す「後方指示」の用法**です。「後方指示」の用法では**コ系指示詞**が使用され、さきほどの「前方指示」とは反対に、これから出てくる内容や表現を指します。菜穂子さんの自己PR文には「後方指示」は出てきませんが、たとえば例３のような使い方をします。例３では、指示詞「こう」が、後ろに出てくる「文章を書こうとするときは、{省略} アイデアを整理するところからはじめなさい」を指しています。

（例３）　今私が読んでいる本には、**こう**書かれている。文章を書こうとするときは、突然書きはじめるのではなく、アイデアを整理するところからはじめなさい。

◆遠方指示

　最後に３つ目の用法は、**直前だけでなく、離れた位置にある内容や表現を指す「遠方指示」の用法**で、**コ系指示詞**が使用されます。

　たとえば、**（修正前４）**では、文⑧にソ系指示詞の「そのように」を使用していますが、直前の文⑦だけでなく、遠くに位置する文⑤と文⑥も含めて指示したい場合は、**（修正後４）**のようにコ系指示

詞の「このように」を使用するといいでしょう。

（修正前４）⑤コミュニケーションのコツを紹介した本に書いてあることをアパレルショップでのアルバイトで実践するようにしました。⑥また、常連のお客さまの名前や好みを覚えて会話に取り入れたり、お客さまの好みを知るために店内での様子を観察し、声かけをして好みを聞いたりしました。⑦また、初来店のお客さまや、こちらに目を合わせてこないお客さまに対しては、テリトリーに踏み込みすぎないようにもしました。⑧**そのように**行動した結果、お客さまから「菜穂子さん、いつも気持ちのいい接客をありがとう」と言ってもらえるようになりました。

（修正後４）⑤コミュニケーションのコツを紹介した本に書いてあることをアパレルショップでのアルバイトで実践するようにしました。｛⑥⑦省略｝⑧**このように**行動した結果、お客さまから「菜穂子さん、いつも気持ちのいい接客をありがとう」と言ってもらえるようになりました。

◆文脈指示の用法のまとめ

　以下が、文脈指示の用法と、コ系・ソ系・ア系指示詞の使い分けのまとめです。

	文脈指示		
	前方指示	後方指示	遠方指示
コ系指示詞	○	○	○
ソ系指示詞	○		
ア系指示詞			

　ここからわかることは、**ア系指示詞は文脈指示で使用されない**ということです。ア系指示詞は、離れた位置にあるものを指す現場指示や、記憶の中にあるものを指す際に使用されます。文脈指示の用法がないため、ブログや小説などでは使用されますが、論文やレポートなどでは基本的に使用されないタイプの指示詞です。

　また、「前方指示」はソ系指示詞とコ系指示詞、どちらも使用することができますが、**コ系指示詞を使用すると、文章に臨場感が出ます**。「今・ここ・私」に関わることを指すときはコ系指示詞を使うと言われるのもこのためです。菜穂子さんの自己PR文にも、「そのまま」という表現が出てきますが、これを「このまま」に変えることで、より「今」に関わることとして臨場感を表現することができます。

（修正前５）　④でも、**そのまま**では駄目だと思い〔省略〕

> **（修正後5）** ④でも、**このまま**では駄目だと思い {省略}

指示詞の使用の注意点

　以上のように指示詞にはさまざまな用法があり、非常に便利な表現ですが、指示詞を使用する際の注意点があります。それは、**指示詞がどの内容や表現を指しているのかが明確になるよう、注意して使用する**ということです。たとえば、自己PR文の文⑨の文頭で使用されている「それ」は、何を指しているかがわかりにくい例です。この「それ」が直前にある表現を指しているとしたら、お客さまから「菜穂子さん、いつも気持ちのいい接客をありがとう」と言ってもらえるようになったことを指していることになりますが、それだと後ろの文とうまくつながりません。このような指示対象があいまいな指示詞があると、読み手は混乱してしまいます。指示詞での置き換えが困難な場合は、むやみに使おうとせず、具体的に表現しましょう。

> **（修正前6）** ⑨**それ**に気づいてからは、アルバイト先の同僚や、クラスメートとのコミュニケーションも積極的に取れています。

> **（修正後6）** ⑨**接客のコツが日常生活に活かせる**と気づいてからは、アルバイト先の同僚や、クラスメートとのコミュニケーションも積極的に取れています。

今まで指示詞の使い方なんて意識していませんでした

指示詞は便利な表現なので、つい無意識に使ってしまいますよね。これからは、指示詞がわかりやすく使えているかどうかも意識しながら書けるといいですね

接続詞を使って文と文の関係を明確にする

　文と文をスムーズにつなぐためにもう１つ重要になるのが、接続詞です。次の（修正前７）は、文と文とのつながりが見えず、「雨で中止になってしまった」が唐突に感じます。このような場合に接続詞を使うことで、前後の文の関係を表すことができ、文と文をスムーズにつなぐことができます。（修正後７）では「しかし」を使うことで、予想に反する展開が後に続くことを予告しています。

> （修正前７）　今日は楽しみにしていた遠足の日だ。雨で中止になってしまった。

> （修正後７）　今日は楽しみにしていた遠足の日だ。**しかし、**雨で中止になってしまった。

指示詞にコ系・ソ系・ア系という種類があったように、接続詞にもさまざまな種類があります。主なものを見ていきましょう。なお、ここからは、接続詞を中心にすでに述べた部分を「前件」、これから述べる部分を「後件」と呼びます。

今日は楽しみにしていた遠足の日だ。**しかし**、雨で中止になってしまった。

前件　　　　　　　　　　　　　　後件

さまざまな接続詞を使い分ける

◆順当な結果が続く「だから」VS 予想に反する展開が続く「しかし」

順接の接続詞「だから」は、前後の因果関係を表す接続詞で、**前件が原因で起こる順当な結果が後件に来ます**。似た接続詞に「そのため」「したがって」「その結果」などがあります。

一方、逆接の接続詞「しかし」は、**前件から予想される結果に反する展開が後件に来ます**。似た接続詞に、「でも」「だが」「にもかかわらず」などがあります。

「順当な結果」か、あるいは「予想に反する結果」かを判断するのは、書き手です。接続詞は、書き手の物事に対する態度が現れる表現なのです。

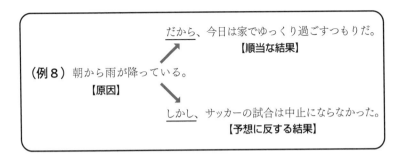

(例8）朝から雨が降っている。
【原因】

だから、今日は家でゆっくり過すつもりだ。
【順当な結果】

しかし、サッカーの試合は中止にならなかった。
【予想に反する結果】

◆似た側面に着目して並べる「また」VS 異なる側面に着目して 並べる「一方」

並列の接続詞「また」は、複数の事柄の**類似点に着目して並べる**接続詞です。他にも、「さらに」「そして」「それから」などがあります。

対比の接続詞「一方」は、複数の事柄の**相違点に着目して並べる**接続詞です。他にも、「これに対し」などがあります。

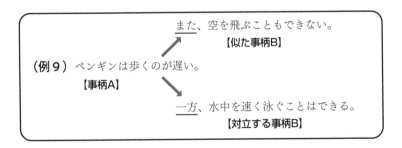

(例9）ペンギンは歩くのが遅い。
【事柄A】

また、空を飛ぶこともできない。
【似た事柄B】

一方、水中を速く泳ぐことはできる。
【対立する事柄B】

◆文章を端的にまとめる「このように」VS 具体例を挙げて話を 掘り下げる「たとえば」

結論の接続詞「このように」は、**前件で述べられた内容を後件で
まとめる**ときに使用される接続詞です。言い換えの接続詞「要する
に」も、文章を端的に言い換える点でよく似ています。

　一方、例示の接続詞「たとえば」は、**前件の具体的な例を後件で
挙げる**ときに使われる接続詞です。「このように」とは反対に、前
件の話題を継続し、掘り下げるときに使います。理由の接続詞「な
ぜなら」も同じ話題を掘り下げる点で似ています。

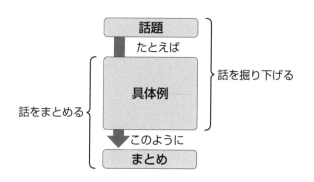

| （例10） | はじめて１人暮らしをするときに重宝するのが料 |

　（例10）　　はじめて１人暮らしをするときに重宝するのが料
　　　　　理のレシピだが、「レシピを見る」と一口に言っても
　　　　　さまざまな方法がある。　　　　　　　　　　**【話題】**

　　　　　たとえば、レシピ本を買ってきて、テーブルに置
　　　　　いて見る人もいるだろう。冊子を広げるのが不便だ
　　　　　と感じる人は、スマートフォンで検索したレシピサ
　　　　　イトを見ながら料理をするかもしれない。最近では、
　　　　　動画でレシピを視聴する人も増えてきている。それ

でもやはり故郷の味が一番だと、家族からもらった手書きのレシピを大切に使う人もいるはずだ。**【具体例】**

<u>このように</u>、「レシピを見る」方法はたくさんある。ときには複数の方法を使い分けながら、自分に合った方法を見つけられると、料理の楽しみが1つ増えるだろう。　　　　　　　　　　　**【まとめ】**

　この他にも、補足的な情報をつけ足す「なお」「ただし」「ちなみに」や、話題を変える「さて」「ところで」などがあります。

注意が必要な接続詞

　接続詞の種類を学んだところで、菜穂子さんの自己PR文を見返してみましょう。自己PR文では「そして」「また」などの接続詞が使われていますが、使い方は適切でしょうか。

　まず、文②に出てくる「そして」は「また」の仲間で、前後に似た事柄を並べる接続詞です。しかし、文②の「そして」の前件は「現在の強み」について、後件は「過去苦手だったこと」について書かれており、似た事柄が並んでいません。ここでは「そして」は使わないほうがいいでしょう。

（**修正前11**）　①私の強みは、周囲の人と積極的にコミュニケーションが取れることです。②**そして**、もともとはコミュニケーションを取ることが苦手でした。

（修正後11）　①私の強みは、周囲の人と積極的にコミュニケーションが取れることです。②**もともと**はコミュニケーションを取ることが苦手でした。

　文⑥⑦に出てくる「また」も、前後の内容が似た事柄になっていないため、違和感を覚えてしまいます。文⑥は後ろに「アルバイトで実践するようにしたこと」の具体例が挙がっているので、「たとえば」に置き換えるとよさそうです。文⑦は、「お客さまと積極的にコミュニケーションを取るようにしたこと（前件）」と、「コミュニケーションをあえて控えた場合もあること（後件）」という対立した内容が書かれているので、「一方」に置き換えたほうが自然になります。

（修正前12）　⑤コミュニケーションのコツを紹介した本に書いてあることをアパレルショップでのアルバイトで実践するようにしました。⑥**また**、常連のお客さまの名前や好みを覚えて会話に取り入れたり、お客さまの好みを知るために店内での様子を観察し、声かけをして好みを聞いたりしました。⑦**また**、初来店のお客さまや、こちらに目を合わせてこないお客さまに対しては、テリトリーに踏み込みすぎないようにもしました。

> **（修正後12）** ⑤コミュニケーションのコツを紹介した本に書いてあることをアパレルショップでのアルバイトで実践するようにしました。⑥**たとえば**、常連のお客さまの名前や好みを覚えて会話に取り入れたり、お客さまの好みを知るために店内での様子を観察し、声かけをして好みを聞いたりしました。⑦**一方**、初来店のお客さまや、こちらに目を合わせてこないお客さまに対しては、テリトリーに踏み込みすぎないようにもしました。

　「また」や「そして」は、一見簡単な接続詞に見えるため、前後の関係を深く考えずに使いがちです。前後の文の関係と接続詞が合っているか、とくに気をつけて使用しましょう。

書きことばに合った接続詞を使う

　接続詞のなかには、**雑談などの話しことばで使用されやすい接続詞**と、**レポートなどの書きことばで使用されやすい接続詞**があります。とくに、論文やレポート、ビジネスシーンの企画書などで話しことばの接続詞を使ってしまうと、幼稚な文章に見えてしまい、読み手からの評価を下げてしまう恐れもあります。書きことばでは書きことばに合った接続詞を使うように意識してみましょう。

> **（修正前13）** ④**でも**、そのままでは駄目だと思い〔省略〕

（**修正後13**）　④**しかし**、そのままでは駄目だと思い〔省略〕

話しことば （雑談など）		**書きことば** （論文・レポートなど）
だから／なので	→	そのため／したがって
でも	→	しかし／だが
それから／それに	→	また／さらに／そして
逆に	→	一方／これに対し
だって	→	なぜなら
じゃあ	→	では

接続詞を組み合わせて使う

　最後に、複数の接続詞を組み合わせて使用する場合について見ていきます。

　接続詞は、単独で使用されるだけでなく、他の接続詞とセットで使われることがあります。その場合は、接続詞の種類と、並べる順番に注意しましょう。

　たとえば、**複数の項目を箇条書きのように並べるとき、「また」や「さらに」などの接続詞が組み合わせて使用されます。** その際のポイントは、①「まず」からはじまることが多いこと、②「また」の後に「さらに」が使用されやすいこと、③「そして」は最後の項目で使用されやすいこと、④箇条書きを終えた後に、「このように」や「要するに」などでまとめると文章のまとまりがよくなることです。これらは、「第一に」「第二に」のような表現で置き換えることもできます。

> **（例14）** 私の勤務先では、アルバイトを募集する場合、下記の内容が必須条件だ。
>
> **まず**、土日のシフトにも対応できること。
>
> **また**、長期的に働くことができること。
>
> **さらに**、接客業の経験があり、すぐに業務に取り組めること。
>
> **そして**、イレギュラーな業務にも臨機応変に対応できること。
>
> **要するに**、育成の必要がなく、献身的に働く人材を求めているのである。

　接続詞で文と文をつなぐことに慣れたら、広い視野で文章を見渡して、接続詞の組み合わせに違和感がないか、同じ接続詞ばかり繰り返し使用していないかもチェックしてみましょう。

指示詞と接続詞の部分を修正してみました！

とてもよくなりましたね

①私の強みは、周囲の人と積極的にコミュニケーションが取れることです。②｛削除｝もともとはコミュニケーションを取ることが苦手でした。③とくに初対面の人や普段話さない人を前にすると何を話したらいいかわからず、黙り込んでしまうことも多くありました。④しかし、このままでは駄目だと思い、手に取ったのが、コミュニケーションのコツを紹介した本です。⑤そこに書いてあることをアパレルショップでのアルバイトで実践するようにしました。⑥たとえば、常連のお客さまの名前や好みを覚えて会話に取り入れたり、お客さまの好みを知るために店内での様子を観察し、声かけをして好みを聞いたりしました。⑦一方、初来店のお客さまや、こちらに目を合わせてこないお客さまに対しては、テリトリーに踏み込みすぎないようにもしました。⑧このように行動した結果、お客さまから「菜穂子さん、いつも気持ちのいい接客をありがとう」と言ってもらえるようになりました。⑨接客のコツが日常生活に活かせると気づいてからは、アルバイト先の同僚や、クラスメートとのコミュニケーションも積極的に取れています。⑩御社で働くことができたら、周囲の人と積極的にコミュニケーションを取りながらよい信頼関係を築き、日々の業務に貢献していきたいです。

Point

- コ系指示詞は「前方指示」「後方指示」「遠方指示」、ソ系指示詞は「前方指示」の用法で使用されます。ア系指示詞は文脈指示では使用されず、論文やレポートで使用されにくい指示詞です。

- 指示対象が明確になっているかどうかに注意して指示詞を使いましょう。

- 前後の文の関係に合った接続詞を使い、文と文をスムーズにつなぎましょう。

- 話しことばの接続詞と書きことばの接続詞を使い分けましょう。

- 複数の接続詞を組み合わせて使う場合、接続詞の種類と順番に注意しましょう。

導入で興味を惹きつける

不特定多数の読み手に向けて発信するブログのような文章の場合、導入の段階で読み手の興味を惹きつけ、先を読みたくなるような仕掛けが必要になります。そのためには「適度に」見通しのよい文章にすることが重要です。通りすがりの読み手がふと足を止めてしまうような導入の書き方を学んでみましょう。

先生、ブログを書くときのコツはありますか？　読んでくれる人がなかなか増えないんです

雄太さん

取りあげているテーマにもよりますが、導入が工夫されていると、つい続きを読んでしまうことはありますね

そうですよね、文章の第一印象の部分ですもんね。読み手の興味を惹くような導入の書き方、教えてください！

雄太さんがブログに投稿した文章

シュークリーム専門店「ABC」は、先月の23日、XX駅から徒歩5分の場所にオープンしました。オープン前から話題になっていて、1カ月たった今でも毎日行列ができています。

シュークリーム専門店「ABC」の売りの1つは、味の種類の多さです。近所のお店とコラボした商品や、季節の食材を使用した期間限定のシュークリームが数多くあります。たとえば、コラボの例では、近所の紅茶屋さんやチョコレートの専門店とコラボしたシュークリームがあり、味も時期ごとに入れ替わっています。常に20種類以上のレパートリーがあって、毎日通っても飽きません。

もう1つの売りは、店内のいたるところにシュークリームに関する豆知識が展示してあって、小さな博物館のようになっているところです。なかには、「シュークリームの上手な食べ方」のように役に立つ知識もあり、この豆知識のおかげでクリームをこぼさずに食べることができました。

XX駅に来たときは、ぜひシュークリーム専門店「ABC」に立ち寄り、おいしいシュークリームとおもしろい豆知識の数々を堪能してみてください。

導入の重要性

　文章にはブログの文章や雑誌の文章などさまざまなものがありますが、**どのような文章を書くにしても、導入の方法は非常に重要な問題**です。**導入で読み手を惹きつけられるかどうかで、その先の文章を読んでもらえるかが決まるから**です。中身がどれだけ興味深く、重要な内容でも、最初の数行で読み手が離れていってしまっては元も子もありません。

　とくに、SNSやブログのような読み手との距離が近い文章はそれが顕著でしょう。導入を工夫するために多くの書き手が頭を悩ませているのではないでしょうか。

　導入の段階で、文章のテーマに対する読み手の興味を惹いたり、読み手の好奇心を刺激することができれば、文章のテーマに対する見通しをぐっとよくすることができます。読み手が自分の興味や好奇心に引きつけてその文章を読むようになるからです。

　一方で、見通しがよくなりすぎても興ざめです。テーマに対する答えまで導入の段階で与えられると、先の展開に対する好奇心が薄れ、続きを読むのがつまらなくなってしまう人もいるでしょう。このような意味で「適度な」見通しのよさが必要になります。

　ここでは導入の工夫として7つの例を挙げ、それぞれくわしく解説していきます。はじめの①〜③は導入のみの工夫、④〜⑦は文章全体の構成にも影響する導入の工夫です。導入にひと手間加える際の参考にしてみてください。

■導入のみの工夫
　①問いかける
　②テーマに関する個人的なエピソードを語る
　③常識をくつがえす

■導入が文章全体の構成に影響する工夫
　④クイズ形式で構成する
　⑤問題解決型のストーリー形式で展開する
　⑥対立構造をつくりストーリー性を生む
　⑦伏線をはって回収する

導入の工夫 ①問いかける

　最も取り入れやすい導入の工夫が、読み手に問いかけをし、テーマを身近に感じてもらう方法です。このとき気をつけたいのは次の2点です。

①自分の文章の読者層をイメージし、読者の素朴な疑問や体験を刺激するような問いかけをすること
②抽象的な問いかけではなく、具体的な問いかけをすること

　たとえば、この本の読者に突然、「みなさん、接続詞に興味はありませんか？」と漠然とした問いかけをしてもピンとくる人は少ないでしょう。それよりも、「文章を書いているときに、接続詞の『しかし』や『また』ばかりを繰り返し使ってしまった経験はありませんか？」と聞いたほうが、身に覚えのある読者が続きを読みたくなるのではないでしょうか。問いかけがうまくいけば、読み手は自分

が感じたことのある身近な疑問や体験を思い出し、文章のテーマに
ぐっと興味を寄せてくれることでしょう。

| 雄太さんが修正した文章の導入① |

> そろそろ定期テストの時期です。勉強に集中して、疲れたな、
> ちょっと休憩したいなというとき、つい甘いものがほしくな
> りませんか？　今日紹介したいのは、スイーツの代表選手・
> シュークリームの専門店です。

導入の工夫　②テーマに関する個人的なエピソードを語る

　２つ目は、テーマに関する個人的なエピソードを導入で語るとい
う方法です。この方法では、読み手にテーマに関する具体的なイメ
ージを与えることができます。さらに、読み手もどこかで経験した
ことがあるエピソードを選ぶことで共感を呼んだり、反対にあまり
起こることがなさそうな驚きのエピソードをあげることによって印
象的な導入にすることができるでしょう。

　この方法のポイントは、あまり長く語りすぎず、簡潔にエピソー
ドを示すということです。自分自身のエピソードを語りはじめると、
つい夢中になってしまうことがあります。しかし、個人的なエピソ
ードはそれだけで１つの物語になり得るものなので、あまり長く語
りすぎると導入なのか本題なのかがわからなくなってしまいます。
この方法を活用するときは、あくまで導入だということを意識して、

短くおさめることを意識してみてください。

┌─ 雄太さんが修正した文章の導入② ─┐

先日、外国人の知り合いに「シュークリームが好物です」
と英語で言ったら、「靴を磨くクリーム（shoe cream）が好
物なの！？」とびっくりされてしまいました。
シュークリームって英語じゃないんですね！
みなさんは同じ失敗をしないように気をつけてください（笑）。
ということで今日はシュークリーム、英語で言うと「クリーム・
パフ」（cream puff）のお話です！

導入の工夫 ③常識をくつがえす

　３つ目の方法は、世間で常識と考えられていることをくつがえし
たり、読み手の思い込みを打ち破ることで、読み手の注意を惹きつ
ける方法です。読み手は、もともと自分が知っている情報に興味を
持つことは少なく、自分にとって新しい情報だからこそ、文章を読
もうという気になります。そのような読み手の好奇心を刺激するた
めの方法です。

　ただし、この方法はリスクもあります。世間や読み手の中の常識
をくつがえすということは、それまで積み上げられてきたものを否
定することになる可能性があるからです。あまり攻撃的な内容の導
入には慎重になったほうがいいでしょう。

シュークリームといえば、コンビニやスーパーなどでケーキと一緒に並んでいる、冷やして食べるお菓子です。でもじつは、シュークリームを温めて食べるともっとおいしくなるって、ご存じでしたか？

導入の工夫 ④クイズ形式で構成する

　ここからは、導入の工夫がその後の展開や、文章の結末の書き方にも影響する、すなわち文章全体の構成に影響する方法です。

　4つ目の方法は、クイズ形式で構成する方法で、1つ目の「問いかける」方法の発展バージョンです。この方法では、導入部分で読み手にクイズを出し、そのクイズの答えが文章の最後に明かされるという構成をとります。「クイズの答えを考えながらこの先の文章を読んでみてください」と促せば、最初のクイズで読み手の興味を惹くことができるだけでなく、興味を持続させることができます。また、文章の最後で答えが出たときに、「はじめ」と「おわり」がつながる感動を読み手に与えることができます。

勉強や仕事で疲れているとき、甘いものを食べたくなりますよね。

身近に手に入る甘いものと聞いて、ぱっと思い浮かぶのがシュークリームです。

それでは突然ですが、ここで問題です。<u>シュークリームは、なぜシュークリームという名前なのでしょうか？</u>

この問題の答えを教えてくれたのは、XX駅の近くに最近オープンしたシュークリーム専門店「ABC」です。

シュークリーム専門店「ABC」は……

｛お店の紹介省略｝

<u>ここで最初の質問に戻ります。</u>

シュークリームはフランス由来のお菓子で、フランス語では「シュー・ア・ラ・クレーム」といいます。「シュー」はフランス語で「キャベツ」の意味、「クレーム」はフランス語でクリームを指す言葉だそうです。キャベツに見た目が似ていて、中にクリームが詰まっているからシュークリームなんですね！

こんな豆知識も手に入るシュークリーム専門店「ABC」、ぜひ行ってみて下さい。

導入の工夫 ⑤問題解決型のストーリー形式で展開する

　５つ目は、問題解決型のストーリー形式で展開する方法です。この方法では、導入で何らかの困難に直面するところから文章がはじまり、その困難を解決していく過程に沿って文章を展開していきます。ストーリー形式にすることで、読み手は文章の書き手目線、あるいは主人公目線になって、臨場感をもって読み進めることができます。

　問題解決型のストーリー形式は、論文やレポートでも見られる展開です。はじめに解決すべき研究課題を挙げ、それに対してどのようにその課題を解決するか（研究方法）を述べ、その結果を述べるという流れは、まさに問題解決型のストーリー形式と言えるのではないでしょうか。

> **雄太さんが修正した文章の導入⑤**
>
> 今日は朝からドタバタでした。
>
> 友達の家にお呼ばれしていたのですが、手土産を用意していないことに出かける直前で気づき、もう大慌て。
>
> コンビニのスナック菓子じゃあ、なんだか味気ない。どうしよう。
>
> そんなときに現れた救世主が、ХХ駅の近所にオープンしたばかりのシュークリーム専門店「ABC」です！

導入の工夫 ⑥対立構造をつくりストーリー性を生む

6つ目は、対立構造をつくりストーリー性を生むという方法です。ここでいう対立構造とは、2人の登場人物や2つの事柄を対立させて文章を展開していくということです。正義と悪を対立させて描かれるストーリーが典型的な例でしょう。そのような対立構造をつくることによって、読み手は最終的にどちらが優位に立つのかという目線で文章を読むことができ、文章の構造を理解しやすくなります。

> **雄太さんが修正した文章の導入⑥**
>
> シュークリームの専門店と言えば、どこが思い浮かぶでしょうか。
> 長く人気が続いているチェーン店といえば、「BPA」です。
> 一方、最近オープンしたばかりで話題になっているのが、XX駅近くの「ABC」。
> この2つのシュークリーム専門店を比較しながら、それぞれの魅力を紹介したいと思います!

導入の工夫 ⑦伏線をはって回収する

最後の7つ目の方法が、伏線をはるという方法です。伏線という言葉は、よく文学作品や、漫画、ドラマなどで、「たくさんの伏線がはりめぐらされている作品だ」「伏線の回収が見事だ」という評

価を見かけることがあります。

「伏線をはる」とは、ストーリーの展開の中で、今後起こる出来事を前もってほのめかす（ヒントを転がしておく）ことを言います。つまり、後の展開を盛り上げるための種を仕込んでおくということです。

伏線ははるだけでは意味がありません。伏線は回収されてこそ、ストーリーのおもしろさを増すことができます。「伏線を回収する」とは、伏線をはるときにほのめかされていた出来事を書くことを言います。

伏線というと文学的なものをイメージするかもしれませんが、たとえばブログのような文章でも役立ちます。導入で出てきた話題や要素が文章の後半の展開に影響するような書き方をすることで、読み手に「最初の話とつながった」と気づきを与え、文章に引き込むことができるでしょう。

導入の書き方だけでもこんなにたくさんあるんですね！

そうですね。自分が書きやすい方法を見つけられるといいですね

難しそうでしたが、「⑦伏線をはって回収する」に挑戦してみました。「②テーマに関する個人的なエピソードを語る」とも合わせ技です！

7月も終わりに近づき、もうすぐ夏休み！ ですが、その前に絶賛、試験期間中です……。
外国語の勉強ってどうやったら好きになれるんでしょう。泣きそうになりながら、休日にもかかわらず教科書と闘っています。

そんなときに母親が買ってきてくれたのが、最近オープンしたお店「ABC」のシュークリーム！ とにかく絶品だったので、今日はこのお店を紹介したいと思います。

シュークリーム専門店「ABC」は……｛お店の紹介省略｝

おいしいシュークリームを食べながら、ふと、「シュークリームのシューってどういう意味だろう」と疑問が浮かびました。調べてみると、フランス語で「キャベツ」という意味だそうです。見た目がキャベツに似ているから「シュークリーム」なんですね。なんだか他のフランス由来のお菓子、たとえばマドレーヌやフィナンシェなんかについても、語源を知りたくなってきました。
もしかすると、こうやって好きなものと結びつけて考えられたら、外国語の勉強がもう少し好きになれるのかもしれないですね。

Point

● 導入にひと手間加えることで読み手の興味を惹きつけることも重要です。

● 導入の工夫の例として、①問いかける、②テーマに関する個人的なエピソードを語る、③常識をくつがえす、④クイズ形式で構成する、⑤問題解決型のストーリー形式で展開する、⑥対立構造をつくりストーリー性を生む、⑦伏線をはって回収する方法があります。

　とくに④〜⑦は導入だけでなく、文章全体の構成にも関わり、文章全体のまとまり感もよくする方法です。

第3章

中身を改める

　第3章では、読みやすくした文章を内容面から整え
て、情報の質を高める方法を考えます。文章は文字で
書かれ、だれもが読む可能性があり、のちのちまで記
録として残るものですので、わかりやすく正確でなけ
ればなりません。それが文章の内容と並ぶ2本柱とい
っても過言ではありません。

　第3章「中身を改める」では、文章に盛り込まれた
情報を精査する方法について、読み手の理解、ウソを
避ける、情報の検索の3つの観点から学びます。

読み手に合わせて情報を加える

趣味のように自分のよく知っていることは文章にしやすいです。しかし、書き手が読み手の持つ知識や経験に配慮しないで文章を書くと、読み手にとって、内容が十分に理解できない「不親切な文章」になってしまうことがあります。ここでは、一度書いた文章について、読み手を想定し修正していきます。

週末、いい天気でしたね。圭さんはどこかに出かけましたか？

日帰りで桜山にハイキングに行きました。何度か行ったことがありますが、いつ行っても楽しめます

圭さん

桜山ですか。名前は聞いたことがありますね……。
じゃ、今日は桜山のハイキングのことを文章にしてみてください

印象に残ったことを朝から順番に書いてみました

圭さんが最初に書いた文章

桜山ハイキング

　週末、思い立って桜山へ行った。朝、東京始発の急行に乗ったら、桜山駅まで座って行くことができた。

　いつもは迷わず神社コースを選ぶが、今回は桜山駅が10時だったので大岩コースにした。山頂からの眺望はすばらしかった。1本も取らずに登ったのでかなり疲れたが登った甲斐があった。

　下山したら、桜山駅の前の店が新しくなっていたので、入ってみた。そばを注文したら、かなりレベルが高かった。これも山へ行くときの楽しみだ。次回も帰りに寄ってみようと思う。

　時間の流れに沿って書いているところはわかりやすいですが、みなさんは、圭さんの文章を読んで、桜山のハイキングのイメージはわきましたか。

　「かなり疲れた」「山頂からの眺望はすばらしかった」と書いてあることから、圭さんが一生懸命登ったことや、桜山の山頂は景色がよい場所なのだろうということはわかったと思います。

　しかし、「桜山はどこにあるのだろう？」「『神社コース』ってなんだろう？」と思った人も多いのではないでしょうか。書き手にとって状況が目に浮かぶような経験や趣味について文章を書くとき、文章の背景知識や情報が抜けてしまうことがあります。

この文章はハイキング仲間の人たちに書いた文章ですか？
私には、理解するのが少し難しいですね

なんとなく書いたので、だれに向けて、ということはあまり考えませんでした。……難しいでしょうか？

　特に読み手が決まっていない文章でも、だれに読んでもらいたいかを想定して、自分の文章を見直してみると、情報不足をチェックすることができます。

「だれ」に読んでもらいたいかをイメージする

まず、自分の文章の読み手を具体的にイメージしてみましょう。特にどんな人に読んでもらいたいですか？

そうですね……。今回はアルバイト先の人かなあ……。アルバイト先でよく山歩きの話をするので

では、「読んでもらいたい人」が「どんな人か」をくわしく考えてみましょう

読み手を想定するとき、読み手がどのような人かを考えます。ここでは2つの観点に絞ってみます。

<読み手をイメージするときの2つの観点>

【読み手はどんな人か】
①文章のテーマについて経験があるか　　例）「桜山ハイキング」
　　　　　　　　　　　　　　　　　桜山に登ったことがある人かどうか

②文章のテーマに対して、関心があるかどうか　　桜山のハイキングに関心がある人かどうか

　1つ目は、読み手は文章のテーマについて経験がある人かどうかです。2つ目は、読み手は文章のテーマに対して、関心がある人かどうかです。それぞれを「桜山ハイキング」の文章に当てはめると、1つ目は、実際に桜山に登ったことがあるか、2つ目は、ハイキングに関心があるかどうかということです。経験や関心の高さによって、読み手が文章のテーマについて持っている背景情報の量は異なります。

では、①と②を意識しながら、読み手を想定してみてください

アルバイト先で今までに聞いたことを元に書きました

■私の文章の読み手

読んでもらいたい人	アルバイト先の会社の人。
経験	桜山に登ったことがない。子どものとき、ハイキングをしたことがある。
関心	ハイキングに関心がある。機会があれば、ハイキングに行きたいと思っている。

　圭さんは、桜山に登ったことがないけれど、ハイキングに関心がある人に読んでもらいたいと考えました。

　この場合、「読み手は桜山のことをあまり知らないだろう」と読み手の情報量を予想して桜山やコースの紹介を書くと、読み手にとってわかりやすい文章が書けるでしょう。

　このように、**だれに向けた文章か、だれに読んでもらいたいかを意識すると、内容を検討しやすくなります。**

固有名詞をチェックする

先生、私が最初に書いた文章にも、桜山やコースのことを書きましたが、わかりにくいということでしょうか

そうですね。桜山のことを知らない人にとっては、情報が少ないと思います。まず、最初の文章の中の固有名詞をチェックしてみましょう

週末、思い立って①桜山へ行った。朝、②東京始発の急行に乗ったら、③桜山駅まで座って行けた。

いつもは迷わず④神社コースを選ぶが、今回は③桜山駅が10時だったので⑤大岩コースにした。山頂からの眺望はすばらしかった。1本も取らずに登ったのでかなり疲れたが登った甲斐があった。

下山したら、③桜山駅の前の店が新しくなっていたので、入ってみた。そばを注文したら、かなりレベルが高かった。これも山へ行くときの楽しみだ。次回も帰りに寄ってみようと思う。

＜固有名詞＞

①桜山、②東京、③桜山駅、④神社コース、⑤大岩コース

　固有名詞とは、人や物、場所などの名前です。知らない人にとっ

ては、なんのことかさっぱりわからないため、固有名詞はチェックが必要です。

それぞれの固有名詞の説明をどのように書いたか、確認してみましょう

　①の「桜山」は、「桜山へ行った」としか書かれていないので、もう少し情報があると、ハイキング先のイメージがわきやすいでしょう。

　②の東京は固有名詞ですが、だれでも知っているので説明はいらないでしょう。

　③の「桜山駅」は東京から急行で直接行ける駅だということはわかりますが、路線名を知りたいですね。

　④⑤は、いつもは、「神社コース」だが、今回は桜山駅を出る時刻が10時だったので「大岩コース」にしたと書かれています。「神社コース」と「大岩コース」の違いはハイキングの情報としては重要なので、くわしく知りたい内容です。

　このように、**特に固有名詞は説明が必要な言葉なので、書き手が注意を払わないと、読み手が十分に理解できない場合があります。**

　話して伝える場合は、聞き手がその場でわからない点を質問してくれます。しかし、**文章で伝える場合は、書き手が読み手にとってわかりにくい点を予測して情報を加えておく必要があります。**

話すときよりも書くときのほうが、情報が足りているかどうかを意識しないといけないんですね

では、修正のメモをつくって情報をまとめてみましょう。あ、そばを食べた店の名前も教えてください。私はハイキングよりも食べ物のほうに関心があります

修正のメモ

桜山	東京都の西部にある山。高さ567m。気軽に行けるので、人気がある。
行き方	東京駅から桜線（急行）で約50分。桜山駅下車。
コース	神社コース（3時間）と大岩コース（2時間）。神社コースは比較的なだらかで展望がよい。大岩コースは急登が続く。
周辺情報	駅前に新しい店。「さくら茶屋」

うーん、桜山の情報はどれもインターネットで調べられるものばかりですが……

もちろんそうですが、文章の内容がよくわからなかったら、最後まで読んでくれないかもしれませんね

調べればわかることはあえて書く必要がないという考え方もありますが、わざわざ調べるのは面倒だと思う読み手も少なくないでしょう。ハイキング先として桜山を知ってもらいたいという気持ちで書くなら、ハイキングコースの概要が伝わる程度の情報は必要でしょう。

専門用語や仲間うちの表現は言い換える

ところで、「一本も取らずに」というのは？

あ、登山で休むことを「一本取る」と言います

ということは、「一度も休まずに登った」ということですね

　趣味など、自分のよく知っている話題の文章を書くとき、いつも使っている言葉を何気なく使いがちですが、専門用語や仲間うちでしか使わない表現が混ざっている可能性があります。テーマについてよく知らない人でも理解できる表現を使って書いているか確認しましょう。

桜山ハイキング

週末、思い立って桜山へ行った。桜山は東京都の西部にある高さ567mの山だ。東京から気軽に行けるので人気がある。東京駅から登山口のある桜山駅までは桜線（急行）で約50分。この日は東京駅から座って行けた。

桜山に登るには神社コース（3時間）と大岩コース（2時間）がある。いつもなら、迷わず比較的なだらかで展望がよい神社コースを選ぶが、今回は出発が遅くなったので急登が続くが短い時間で登れる大岩コースにした。

山頂からの眺望はすばらしかった。1度も休まずに登ったので疲れたが、登った甲斐があった。下山してから駅前に「さくら茶屋」という新しい店ができていたので、入ってみた。そばを注文したら、かなりレベルが高かった。これもハイキングの楽しみだ。次回も帰りに寄ってみようと思う。

感想が伝わるように説明する

この文章の後半にはいくつか感想が書かれていますが、状況がちょっとわかりにくいものがありますね。3つピックアップしたので、もう少し説明してくれませんか

①山頂からの<u>眺望</u>は<u>素晴らしかった</u>。

②そばを注文したら、<u>かなりレベルが高かった</u>。

③これもハイキングの<u>楽しみだ</u>。

えーと、①は景色がよかったということですが……

　みなさんは、どのように感じましたか。①は眺望がすばらしかったと書かれていますが、圭さんが山頂で何を見たのか、どのような眺望に対してすばらしいと感じたのかはわかりません。

　②の「レベルが高い」も、きっとおいしいそばだったのだろうということはわかりますが、そばの何がどのようによかったのかは、わかりません。人によっては、お店の雰囲気やサービスがよかったのだろうと解釈するかもしれません。

　③は「これ」の指すものがはっきりしないので、圭さんがハイキングにはどんな楽しみがあると思っているのかが伝わりにくいです。

　このように、**体験の感想を書くときは、感情を表すことが中心になり、頭や心の中にある当時の状況の説明が不足しがちです。特に形容詞や副詞を使ったときは、状況が十分に伝わっているかを確認しましょう。**

私と同じ体験をしていない人に読んでもらう場合、感想にも説明を加えることが大切なんですね

圭さんが感想が伝わるようにさらに書き直した文章

桜山ハイキング

週末、思い立って桜山へ行った。桜山は東京都の西部にある高さ567mの山だ。東京駅から登山口のある桜山駅までは桜線（急行）で約50分。東京から気軽に行けるので人気がある。

桜山に登るには神社コース（3時間）と大岩コース（2時間）がある。いつもなら、迷わず比較的なだらかで展望がよい神社コースを選ぶが、今回は出発が遅くなったので急登の大岩コースにした。

山頂からは、<u>雪をかぶった富士山が間近に見え、すばらしかった</u>。1度も休まずに登ったので疲れたが、登った甲斐があった。下山してから駅前の「さくら茶屋」で「桜そば」を食べたら、<u>山菜が山盛りで、そばの味もしっかり感じられて、格別の味だった。下山しておなかが空いているときに、お店に立ち寄る</u>のもハイキングの楽しみだ。次回も帰りに寄ってみようと思う。

（行った日：2020年4月29日）

いいですね。最初の文章の内容がよく理解できるようになりました

読み手に合わせた情報の選び方

先生、今回は、読み手を「桜山のことはよく知らないけれど、ハイキングには関心がある人」と想定しました。他のタイプの読み手の場合、どのように内容を考えたらいいですか?

　下の表は、桜山のハイキングを例に、読み手に合わせた内容の違いをまとめたものです。

■読み手に合わせた内容の違い　○:あり、×:なし

タイプ	読み手		内容例
	①桜山に登ったことがあるか	②ハイキングへの関心	
A	○	○	コースの状態や変化
B	×	○	桜山やコースの紹介　＜圭さんの文章
C	×	×	ハイキングの魅力

　圭さんは「桜山に登ったことはないが、ハイキングに関心がある人」に向けて書いたので、表のタイプBに当たります。表のタイプ

Aのように、桜山に登ったことがあって、ハイキングにも関心がある人向けの場合、桜山やハイキングの情報を既に大量に持っていると思われます。A向けに、コースの一般的な説明だけを書くと、わかりきったことばかりで、おもしろくないと感じるかもしれません。A向けには、一般的な内容にはあまり触れずに、行った日のコースの状態や展望、以前と比べて変わっていた点など、行った日でなければわからないことや、経験者だから気づくことなどを中心に書くと、新しい情報を伝えることができ、興味を持って読んでもらえるかもしれません。

　一方で、Cのように、桜山に登ったことがなく、ハイキングにも関心がない人に読んでもらおうとするなら、桜山のコースの話をしても、自分には関係ないと思われてしまうかもしれません。「ハイキングの魅力」のような、テーマ自体に関心をもってもらえるような内容からはじめたほうがよいでしょう。

同じ出来事を文章にするとしても、読み手に合わせて書くと内容も変わるんですね

　ここでは、桜山のハイキングがテーマなので、「桜山に登ったことがあるか」や「ハイキングへの関心」によって、読み手を分けましたが、ほかのテーマ、たとえば、食べ物（名物）の話であれば、読み手の年代や住んでいる地域を観点にして、読み手を想定することもできるでしょう。このように、**だれに向けた文章か、だれに読んでもらいたいかを意識する**と、読み手に届く文章になるでしょう。

- ●「だれ」に読んでもらいたいかを想定する。

- ●固有名詞をチェックする。

- ●専門用語や仲間うちの表現は言い換える。

- ●感想が伝わるように説明する。

ウソを書かない

情報を集めて文章を書くとき、正しく書いていますか。文章は書き方も重要ですが、書こうとしている情報の中身も重要です。ここでは読み手に疑念を抱かせたり誤解を与えたりしない情報の伝え方を見ていきます。

 きのう、身の回りのことを紹介する文を書いてきてほしいと課題を出しましたね

 はい、最近、アイスクリームにはまっているので、そのことを書いてみました

愛さん

 では、今回は愛さんの文章をもとに、正しい情報を伝えることについて考えてみましょう。
この文章は特に読んでもらいたい人がいますか？

 いえ、だれでも読める文章のつもりで書きました

朝食におすすめのアイスクリームと食べ方

　今、アイスクリームにはまっていて、毎食欠かさず食べています。特に、朝起きて食べる冷たいアイスは、のども頭もすっきりして、最高です。アイスクリームには体によい成分が含まれていますし、さらに食べても太りにくいということなので、朝食にぴったりの食べ物だと思います。

　今日はコンビニでも買えるアイスクリームの中から、おすすめのものと、食べ方のアイデアを紹介します。

・・・・・・・・・・・・・・・・・・・・・・・・・・・・

このあとに、アイスクリームの紹介が続きます

私もアイスクリームは大好きですが、愛さんの文章には、「本当かな？」と思うような疑問点がいくつかありますね……

　「文章にウソを書いていませんか」「文章を正しく書いていますか」と聞かれても、ピンとこない人が多いと思います。特別な目的でもない限り、わざと間違ったことを書く人はいないでしょう。

　愛さんの文章は、アイスクリームが好きでよく食べていることを

紹介しながら、アイスクリームの情報を伝えています。ここでは「ウソを書かない」ということを「読み手に正しい情報が伝わるように書く」という観点で考えます。みなさんは、愛さんの文章で気になるところがあったでしょうか。

一般的な情報と個人的な情報とに分ける

くわしく見るために、記事に書いた情報を分類しましょう。記事から「一般的な情報」と「個人的な情報」を取り出してみましょう

■ 情報の整理

一般的な 情報	（1）アイスクリームには、体によい成分が含まれている。
	（2）アイスクリームは食べても太りにくい。
個人的な 情報	（3）今、アイスクリームにはまっている。
	（4）毎食欠かさずアイスクリームを食べている。
	（5）朝起きて食べる冷たいアイスは、のども頭もすっきりする。

「一般的な情報」は、アイスクリームについての話で、「個人的情報」は、「私は～」で表せる文が多いですね

そうですね。書籍やインターネットで調べることができるのが「一般的な情報」で、調べることができないのが「個人的な情報」とも言えるでしょう

■ 情報の整理

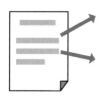

一般的な情報
　インターネットや書籍などで調べられる

個人的な情報
　書き手やそこに書かれている人でないと
　わからない

◆情報の出どころを示しているか確認する

　「一般的な情報」から見ていきましょう。(1)「アイスクリームには、体によい成分が含まれている」という情報は、当然の事実のように書かれています。(1)の文を読んで、「へえ、そうなんだ！」と思った人も、「この話、本当だろうか？」と疑問に思った人もいるでしょう。

　たとえば、「日本は海に囲まれている」や「年を取ると体が衰える」は、少なくとも日本に住んでいる成人であれば、それ以上説明しなくても納得できる一般的な事実でしょう。しかし、「アイスクリー

ムには、体によい成分が含まれている」のような情報を多くの読み手に「なるほど」と思ってもらうには、読み手に疑問を抱かせないようにすることが重要です。そのためには、**情報源や参照元を示します**。つまり、自分の想像で書いたのではなく、なんらかの根拠に基づいて書いたことを述べます。

(1)「アイスクリームには、体によい成分が含まれている」と書いていますね。これは調べたんですか?

はい、えーと、だれかのブログで読んだような気がします

　情報源は、情報の出どころのことです。たとえば、「最近、日本では交通事故が減っている」と書きたい場合は、警視庁のウェブサイトを情報源にすればよいでしょう。

　では、アイスクリームの成分を調べる場合はどうでしょうか。さまざまな方法が考えられます。情報を得るためのさまざまな方法については、第3章「情報を検索する」でくわしく紹介しているので、そちらを参考にしてください。大切なことは、①自分の書いていることが調べた情報であることをわかるように文章に示すこと、②情報の出どころを書くときは他の人も調べられるように書くことです。

「体によい成分」というのも、あいまいな表現ですね。具体的に栄養素の例が示せるといいですね

◆情報源を吟味しよう

　ほかの人が書いた記事や文章を引用するときは、その記事の情報源も確認することが重要です。自分の文章で参照した記事が、根拠なく書かれている可能性もあります。

自分の文章　　　他の人の記事　　　情報源
　　　　　情報　　　　　　情報

情報の出どころをさかのぼって、できるだけ信用できる情報源を示すようにしましょう

ブログの記事が参照しているデータがわかりました。表現も書き替えてみました。どうでしょうか

（1）アイスクリームには、体によい成分が含まれている。

　→普通脂肪のアイスクリームは、たんぱく質やカルシウムが牛乳

と同程度含まれているので、食欲がない朝の栄養補給にぴったりです。

参考：文部科学省「食品成分データベース」

https://fooddb.mext.go.jp/

情報が明確になりましたね

情報を正しく引いているか確認する

(2)「アイスクリームは食べても太りにくい。」というのを読んでびっくりしたんですが、これは本当ですか？　本当なら、うれしいですが

はい、ブログで読みました。アイスクリームのよさを書くのにぴったりだと思ったんですが……

　愛さんが元にした資料は、ダイエットについて書かれたホームページで、次のように書かれていました。

私はダイエット中でも甘いものを食べる。でも食べるのは朝だ。<u>朝食べて、そのあと活動すればカロリーが消費される。</u>だから、朝の大福や<u>アイスクリームは、食べても太りにくい。</u>ただし、食べすぎには要注意だ。

　愛さんはこの文章を参考に「アイスクリームは食べても太りにくい」と書きました。参考にした文章をもう少しくわしく確認してみましょう。

①条件つきの情報ではないか

　参考にした文章を読むと、「甘いものを食べたあとに活動すれば」「食べすぎない、つまり適量なら」という２つの条件がついていることがわかります。

　愛さんは、それらの条件を書かずに「朝のアイスクリームは太りにくい」という結論だけ書きましたが、これでは読み手に正しい情報が伝わりません。

　この他にも、たとえば、大学で経済学の講義について先輩から**「きちんとしたレポートを書けば、単位が取れるよ」**と聞いたときに、SNSの掲示板に「**『経済学の講義はレポートを書けば、単位が取れる』**と聞いた」や「**『経済学の講義は単位が取れる』**って」と書いた場合を考えてみましょう。読み手は「本当かな？」と思いつつも、情

報を文字通りに受け取ってしまうかもしれません。伝えたい情報を条件や背景も含めて正しく伝わるように書いているか確認しましょう。

| 条件がついていない？ | 伝えたい情報 |

②個人の例を一般的な情報に書き替えていないか

　愛さんが参考にした文章は、ダイエットの個人的な経験を書いたものです。この文章の筆者は、朝甘いものを食べても太りにくい生活をしていると書いています。それをアイスクリームの一般的な性質に書き換えてしまうのは、情報を正確に伝えていないと言えます。

　この他にも、たとえば、東京の通勤電車の混雑の記事を読んで、「**日本では**、毎朝通勤電車が非常に混雑している」と書いたり、上記の経済学の講義の話で先輩ひとりの感想を「**経済学の講義は**レポート内容が重要」のように、だれでも当てはまるように書いたりすることも、限られた場合の例を一般的な情報にしてしまうという点で情報を正確に伝えていない例だと言えます。

情報の一部だけを見て、自分の文章に利用しないように気をつけたほうがいいですね

そうですね。「アイスクリームは食べても太りにくい」という内容については、他のデータを探すか、書き直すかしたほうがよいでしょう

◆言葉通りに受け取られても問題ないか確認する

（3）今、アイスクリームにはまっている。

次は個人的な情報を見てみましょう。先ほどの整理したものを振り返ってみます

（4）毎食欠かさずアイスクリームを食べている。

（5）朝起きて食べる冷たいアイスは、のども頭もすっきりする。

　個人的な情報は、書き手の身近な人は情報の真偽がわかる可能性がありますが、書き手と面識のない読み手は、その文章から正しいかどうかを判断することが難しい情報です。個人的な情報は、見ず知らずの読み手に文字通り受け取られても問題ないか、確認する必要があります。

（4）にアイスクリームを「毎食欠かさず食べている」と書いていますね。昼休みにこの部屋でおにぎりを食べていましたが、アイスクリームは食べていませんでした。あれは昼食ですよね

あ、外で食事するとき、アイスは食べていません

　読み手が気心の知れた人なら、「少し大げさに書いているのだろう」と解釈して読んでくれるかもしれません。しかし、読み手が愛さんのことを知らない人だったら、言葉通りに受け取るでしょう。愛さんに対して「何があっても毎食アイスクリームを食べ続けている人」という "変わった人" のようなイメージを抱くかもしれません。

好きで食べているだけなので、何がなんでもというようなイメージを持たれるのは、嫌だなあ……

「個人的な情報」の（3）～（5）で、読み手にそのまま受け取られたら困るところは、書き直してみてください

　だれもそれほど真剣に読んでいないし、自分のことを知らない人が読むのだから、多少誇張してもよいと思うかもしれません。やや

大げさに書いたほうが、おもしろみがあってよいという意見もあるでしょう。しかし、だれが読むかわからない文章の場合、書かれていることがそのまま受け取られることを意識して、表現を選んだほうが安全です。自分ではイメージできないときは、だれか（たとえば、あまり親しくない人）に読んでもらって、感想を聞けるとよいでしょう。

（3）今、アイスクリームにはまっている。→OK
（4）毎食欠かさずアイスクリームを食べている。
　　→家では、だいたい毎食アイスクリームを食べている。
（5）朝起きて食べる冷たいアイスは、のども頭もすっきりする。
　　→朝起きて冷たいアイスを食べると、のどがすっきりするし、頭もさえてくるような気がする。

（3）は言葉通りですが、（4）は「毎食欠かさず」というところを書き換えました。（5）も「のどがすっきりする」のはその通りですが、「頭もすっきりする」はそこまでではないので書き換えました

　その他にも、少し誇張していると思ったら「少々大げさだが」などの前置き表現や、「自分では〜と思っている」など断言しない表現を使うと、誤解が防げます。
　今回は、「ウソを書かない＝正しい情報を伝える」ということを取り上げて文章を見てきましたが、情報の正しさをどの程度重視す

るかは、文章の目的にもよります。たとえば、ニュースや新聞記事、論文であれば、書いてあることは正確であることが求められます。これらの文章は、読み手が正確な情報を得る目的で読む文章だからです。一方で、必ずしも情報の正しさが求められない文章もあります。たとえば、エッセイや小説の中には、読み手も事実ではないという前提で読む種類のものもあります。

> 正しい情報を書くことに気をつけて、書き直しました。文中の番号は情報を分けたときの番号です。（2）は他の資料を探してみましたが、適当なものが見当たらなかったので、今回は削除しました

愛さんが書き直した文章

朝食におすすめのアイスクリームと食べ方

（3）今、アイスクリームにはまっていて、（4）家では、だいたい毎食食べています。（5）特に、朝起きて冷たいアイスを食べると、のどがすっきりするし、頭もさえてくるような気がして、最高です。（1）普通脂肪のアイスクリームは、たんぱく質やカルシウムが牛乳と同程度含まれているので、食欲がない朝の栄養補給にぴったりです。

今日はコンビニでも買えるアイスクリームの中から、おすすめのものと、食べ方のアイデアを紹介します。

　　　　　　注：文部科学省「食品成分データベース」参照

多くの読み手に疑問を抱かせないこと、読み手を誤解させないことは、情報を伝える文章の基本です。まずは正しい情報を書くことを意識し、次にユーモアなどを加えて自分らしさを出してみてください

Point

● 一般的な情報と個人的な情報とに分ける。

● 情報の出どころを示しているか確認する。

● 情報を正しく引いているか確認する。
　　①条件つきの情報ではないか
　　②個人の例を一般的な情報に書き換えていないか

● 言葉通りに受け取られても問題ないか確認する。

情報を検索する

文章を書いているときに自分が書きたいことが本当か、裏づけが取れない、本当は自分でもよくわからないと困ってしまった経験はありませんか。ここでは、情報を手に入れる方法を学びます。

情報の盛り込み方はよくわかったのだけれど……

圭さん

おやおや、今度は何を悩んでいるのかな？

情報ってどんな手がかりから探していくのがいいのか知りたくって

なるほど、それでは自分の知らないことを探しにいく方法を学んでみましょう

　インターネットを用いた調べごとといえば、まずは**Google検索**を思い浮かべる方が多いでしょう。ネットの海はとてつもなく広く、玉石混淆の情報が入り乱れています。とはいえ、一番アクセスしやすいのもネットの情報ではありますが、検索サイトにピックアップされたブログ記事やSNSの内容などをそのまま鵜呑みにしてしまうのは危険です。この節ではそんなインターネットとのつきあい方を考えていきましょう。

◆Wikipediaで調べる

　調べごとの取っかかりを得る際に役に立つのがインターネット上の百科事典**Wikipedia**です。かなり広い分野に関して記事がつくられており、大枠の知識を得るには非常に便利です。記事に出てくるキーワードを組み合わせてGoogle検索を再び行なうだけで、目的の情報が得られる確率がぐっと上がります。また、記事の下部には出典情報が書かれており、より深く調べる際の手がかりとして用いることもできます。

　ただし、過信は禁物です。Wikipediaは非常に厳格なルールで運用されていますが、分野によっては情報が古かったり十分な情報が得られなかったりすることもあります。物足りないな、と思った場合は外国語版のWikipediaの記事を**Google翻訳**や**DeepL**といったサービスで翻訳してみるのもよいでしょう。また、基本的にWikipediaの情報は他の情報の引用で成り立っているため、引用元

に当たったほうがよりくわしく正確な情報が得られます。

◆学術論文検索サイトで調べる

　より一般的・専門的な情報に当たりたい場合は、**Google Scholar**や**CiNii**といった学術論文検索サイトを使ってみるとよいでしょう。Wikipediaから得られた関連キーワードで検索してみると、その道のプロの書いた論文に簡単にアクセスすることができます。論文には参考にした資料のリストが付与されているため、その論文がよく理解できなくても、その分野の専門家によく読まれている資料を探すのにも役立てることができます。気に入った著者を見つけたら、今度は著者の名前から他の論文や他の媒体での活動を調べてみるのもよいでしょう。ひょっとしたら初心者向けの信頼できるWebサイトなどで記事を公開していることもあるかもしれません。近ごろは無料で読める論文もかなり増えているため、一度は試してみることをおすすめします。分野によっては官公庁のサイトも参考になることがあるでしょう。

◆SNSや動画サイトで調べる

　くわしい情報だけでなく、一般でのイメージやフレッシュな感想といった個人的な情報を探したい場合には、SNSや動画サイトの活用も視野に入るでしょう。SNSでくわしい人々のやりとりを見つければ、思わぬ最新情報が手に入るかもしれません。また、道具の使い方や料理の解説など、動画であることの利点を生かした分野では非常に役に立ちます。とはいえ、これらのサイトで手に入る情報は

かなりカジュアルなものであるため、気づかない間に特定のバイアスがかかってしまったり信憑性には不安が残ったりします。あくまで入口として、あとで信頼できる情報源を他に探したり、自分でも試してみるのが重要です。

	特徴	信憑性
Google検索	玉石混淆、よい情報にあたるには適切なキーワードが必要	△
Wikipedia	大づかみな情報 引用元の確認が必要	○
GoogleScholar CiNii	専門性が高い より客観的な情報	◎
SNS 動画サイト	フレッシュな感想や、より個人的な情報 情報の裏づけが必要	△

ステップ2 書店・図書館に行ってみる

インターネットで大づかみな情報を得たらいよいよ外にでかけましょう。

ほしい書籍が決まっている場合は自宅からでもアクセスできるネット書店が便利ですが、一度にリストアップされたたくさんの本から適切なものを選ぶことは難しく、慣れない分野の場合には書店や図書館がおすすめです。まずは新書や比較的新しい入門書を探してみましょう。

情報の更新の早い分野や人気の分野の本は、書店のほうがアクセ

スしやすいでしょう。自分ではくわしいと思っていた分野でも最新の入門書では案外新しい知識が活かされていたりと、情報の整理にも役立ちます。旬の内容を探している場合、雑誌コーナーに足を運ぶのもよいでしょう。**入門書を買う際には、末尾に読書案内がついているものを選ぶと、次に読む本が見つけやすくなるのでおすすめです。**慣れてきたら、書店の品揃えから、調べたい分野の流行を探るという活用法もあります。

　さらに深い情報や、書店では手に入らないマニアックな情報を探す際には図書館を活用するのも便利です。特に書店では手に入れづらい評価の定まった古い本や、専門書、専門の辞典を探す場合には、図書館が能力を発揮します。

　望みの本が手に入るかどうかは事前に図書館のウエブサイトで調べておきましょう。都道府県ごとの在庫の横断検索を行なえるウエブサイトなどを用いると、スムーズに資料が見つかります。図書館では、辞書辞典のデータベース「ジャパンナレッジ」や各新聞社の過去の記事のデータベースといった個人で契約するには高額なサービスを利用できるのも有用です。特に都道府県立の図書館や大学図書館ではこういったサービスが充実しています。

　また、うまくネット上の情報や書籍を見つけることができなかった場合は、図書館の窓口でレファレンスサービスを利用して資料探しを手伝ってもらうという方法もあります。

　「レファレンス協同データベース」などのウエブサイトを見るとこれまでにどんな相談があったか確認できるので、参考にするとい

いでしょう。さらに専門的な情報に当たりたい場合は、大学図書館の紹介状を書いてもらう、国会図書館からコピーを取り寄せてもらうなどというサービスもあります。

　また、運よく近くに専門図書館があれば、こちらの利用も検討してみるといいかもしれません。なお、最新の本や人気の本は貸出中になっていることもあるため、書店に行ったほうが早く済むことが多いです。

	使い方	アクセス
ネット書店	目当ての決まった本を買う	◎
書店	入門書を探す 流行を掴む	○
公共図書館	専門的な本を探す レファレンスサービスを受ける	○
国会図書館 専門図書館	より専門的な本 入手困難な本	△

ステップ3 出典を明記する

　他の人の知識の力を借りた場合、文章にはどんな本を参考にしたかを明記するのが大切です。情報源が書いてあることは、文章の信頼性を増しますし、読み手がより広い情報へアクセスする助けにもなります。あたかも自分がはじめて考えたかのように書くことは厳禁です。第3章「ウソを書かない」も参考に、引用・情報源をしっ

かり書きましょう。情報源が書籍の場合は著者名・書名・出版社、ウエブサイトの場合はサイト名・記事名、URLを記載します。友人間でのカジュアルな情報共有では出典の明記は必須ではありませんが、情報源が書いてあるほうがより親切と言えるでしょう。

Point

- インターネットの情報はアクセスが容易ですが、信憑性に難があることがあります。他の方法でも裏づけを取りましょう。

- 自信がない分野では、新書や入門書から探してみるのがよいでしょう。最新の情報や初歩的な情報に当たる際は書店、基礎的な知識を掘り下げるのであれば図書館が使いやすいです。

- 調べた情報は必ず、出所を明記しましょう。物を書く上で非常に大切なルールです。

取材に出かける

検索や書籍では手に入らない、現場の生の声を書きたい。実体験を書いてみたいということがあるかと思います。そんなときの取り組み方について学びます。

書籍や資料の情報だけじゃ足りない部分があって……

圭さん

そんなときは現地に行って確かめてみるしかないですね

取材、それじゃあ、早速行ってきます!!

おおっと、取材に出かける前にも下準備が必要だよ。方法を学んでみましょう

ステップ1 くわしい人に聞いてみる

　書籍や資料からはわからない、生の情報や最前線の人の声が聞いてみたいという場合には、現場にいる人に取材してみるのが最終手段です。**相手がいる調べごとの際にはくれぐれも迷惑をかけることのないよう、感謝の気持ちを忘れずに細心の注意を心がけましょう。**

　調べたい分野にもよりますが、幸運にも地域の公民館などで活動しているグループがあればそちらに参加してみるのもよいでしょう。地域に開かれているグループであれば、間口はかなり広い可能性があります。継続的に活動している人々やリーダーに会うことができれば、思わぬ情報が得られるかもしれません。こういった活動は、自治体のウエブサイトや公報で参加者を募集していることが多いでしょう。

　また、SNSを通じたグループ活動に参加してみるという方法もあります。単純に参加して一緒に活動するというだけであれば問題ありませんが、何かしらの文章の参考にする場合にはしっかり事前に許可を取ること、あくまで相手にとってはついででやってくれているということを忘れず負担や失礼のないようにすることが大切です。

　SNSで情報発信を行なっている専門家の中には、気軽に質問に答えてくれたり、質問用ウエブサービスを設けている人がいたりすることもあります。このような人に適切な質問ができれば、よいヒントがもらえる可能性もあります。すでに発表されている書籍や記事などの情報の内容の繰り返しにならないよう、しっかり予習して、

文章にする目的を明らかにした上で意見を聞いてみるのもよいでしょう。このような活動はあくまで本業のついでの善意の活動ですし、内容や目的によっては謝礼が必要となることもあります。もし返答がなくても急かしたりなどはせず、何か自分に不足があったか時期が悪かったのだとあきらめましょう。

　より専門的な内容が知りたい場合、自治体や大学・研究機関が開催する公開講座に参加してみるという選択肢もあります。こちらも調べたいことに関連する講座があれば、最新の知見が得られたり質問の機会もあったりするかもしれません。

　近くにこういった施設がない場合でも、**YouTube**で講座の動画を公開していたり、**JMOOC**や**gacco**といったオンライン学習や動画学習サービスのサイトで連続講義を行なっていることもあるので、気になる情報があれば参加してみるのもよいでしょう。こちらも文章にする際には許可が必須となるでしょう。

■ 事前の準備

	むずかしさ	アクセスしやすさ
地域グループ	一般的	○
SNS	やや専門的	△
公開講座	専門的	△

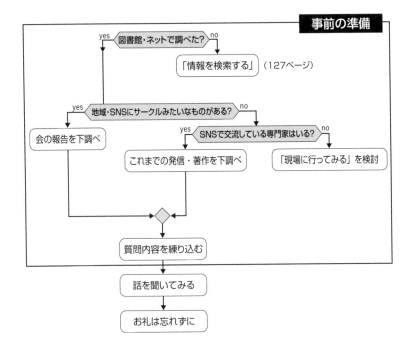

「情報を検索する」（127ページ）

ステップ2 現場に行ってみる

　本格的な現場に行って取材を行なう場合、**だれに・どんなことを聞きたいのかを事前によく考えておくことが重要**です。すでに書籍や記事になっている情報を忙しい現地の人に聞くのは、大変失礼に当たります。SNSなどで専門家に聞く際も同様ですが、事前に取材相手からの情報発信や過去のインタビューがないかよく調べ、質問内容を練り上げましょう。

　動植物園や博物館といった一般に公開された研究・教育施設には

基本的にいつでも入ることができますが、仕事中の職員さんに突然質問というわけにはいきません。もっともアクセスしやすいのは、ガイドツアーやギャラリートークといったプログラムに参加することでしょう。ウエブサイトなどで事前にプログラムの内容をおさえておけば、興味にあった専門的な解説が聞けるでしょうし、こちらから質問できるタイミングもあるかもしれません。

　また、こういった施設は一般向けにメールや電話などの質問窓口を設けていることがあります。ある程度専門的なことを聞きたい場合、このような窓口で相談してみるというのもよいでしょう。なお、大学でのレポートや研究に関する相談はNGのところもあるなど、施設によって質問・取材のルールがあります。**ルールを守り取材先の対応可能な範囲に気をつけましょう。**

　工場や市場、企業のオフィスといった普段は入ることが難しい施設でも、見学会を開催していることがあります。施設によっては、年に一度くらいの珍しい催しの場合もありますので、早めにウエブサイトなどで確認しスケジュールを押さえておきましょう。また、申込みの際に見学の目的を伝えておくと、取材がスムーズになるでしょう。撮影などは禁止されていることもありますので、見学のルールはよく確認するのが大事です。もちろん、質問窓口があるようであれば、先の研究・教育施設と同様にこちらから質問してみるという手もあるでしょう。

　見学や取材の窓口がないという場合には、ダメ元ですが学校の先

生や職場の上司に相談してみるという手もあります。

　一般向けには見学などを受けつけていない施設や団体でも、課外活動や研修の一環という形であれば取材を受けつけていることがあります。

　この場合、事前になぜこの取材が必要なのか、学校での勉強や所属組織のミッションとどのようにつなげられるか、しっかり説明できるよう準備する必要があります。もし、取材にOKがもらえたら、本来は行なっていない特別な対応をしてもらっていること、自分が学校や組織の代表として取材先に行っていることをよく考えて現地に向かいましょう。

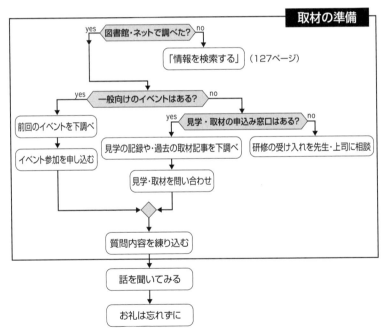

ステップ3 感謝の心を忘れずに

取材を終えたらすぐにお礼の連絡をしましょう。取材は相手の本来の仕事から外れた特別な対応です。感謝の心を忘れずに再び何か相談する際、また他の方が取材を申し込んだ際に、快く受け入れてもらえるよう気を配ることが重要です。

その上で、**取材から情報を得た際も基本的にだれの話を参考にしたかを明記しましょう**。資料のときと同様に情報源が書いてあることは、文章の信頼性を増しますし、協力してくれた方にとっても発信がPRになることがあります。ただし、取材先から個人や組織が特定される情報を明記するのを避けるような意向があった際は、この限りではありません。

取材を申し込む際にはあらかじめ取材先の情報についてどこまで書いてよいか確認しておきます。また、取材した内容を活用した文章を公開したり、レポート・報告書として提出したりした際には、必ず取材した相手に再度お礼の連絡をしましょう。

取材の基本道具
・名刺・自己紹介カード
　（相手に渡す）
・筆記用具
・メモ帳
・携帯端末の予備バッテリー

取材にあるとうれしい道具
・ICレコーダー
・カメラ

● 近隣の趣味の会や研究機関の情報発信イベントにも
　アクセスしてみましょう。深い知見を持った人との
　出会いがあるかもしれません。文章にする場合には
　必ず事前に許可を取りましょう。

● 研究・教育施設や工場・市場を実際に見てみたい場
　合は、見学会を利用するのが堅実です。また、質問
　窓口がある場合はこちらも利用してみましょう。

● 取材で得た情報の情報源は、取材先の意向を踏まえ
　て記述しましょう。次に取材する人のためにも信頼
　関係が大切です。

第**4**章
相手を思いやる

　最後となる第４章では、質を高めた文章を読み手の気持ちの面からとらえ、配慮のあるものにする方法を考えます。文章は内容がいかにすばらしくても、読み手の心に抵抗感や反発心を呼び起こすようなものであってはなりません。とくに、メールやSNSのような、特定の読み手に向かって書く場合は相手の気持ちに対する配慮が重要になってきます。

　第４章「相手を思いやる」では、文章を読む読み手の気持ちによりそう方法について、相手に寄り添う、不快感を与えない、気持ちを込めるという３つの観点から学びます。

相手に合わせたスタイルの選択

文章を書くとき、読み手をイメージして書けていますか。読み手がどのような人か、その人の立場や状況を考えながら文章を書くことで、その文章はぐっと相手の心に届くようになります。ここでは、「読み手との関係を考えながら文章を書く方法」を見ていきましょう。

自分の考えを形にして、構成・内容を整えたら、わかりやすい文章が書けるようになりました！
（もう書くことも怖くないぞ）

井伊くん

では次のステップ。今度は読み手との関係を考えた書き方について考えてみます

相手との関係？（丁寧ならいいんじゃないの…？）

山田さま

いつもお世話になっております。

ご依頼をいただいておりました納期短縮の件、関係各所と
調整した結果、ご希望通りに納入することができる目処が
立ちました。
製品ごとの納入日を記載いたしましたので、添付ファイル
をご確認ください。

よろしくお願いいたします。

第一購買部　井伊

　「納期短縮の目処が立った」「納入日を確認してほしい」という伝
えたいことが明確に示されており、わかりやすい文章です。このま
までも問題ありませんが、言葉選びを変えることで、違った印象を
相手に与えることができます。また、文体を変えたり、織り交ぜた
りすることで、相手との関係を意識した文章にすることができます。

　ここでは相手との関係を考えながら、どのように言葉選びや文体

を変えていけばよいのか、考えていきましょう。答えは一つではありません。自分と相手との関係、そのときの状況に合わせて、柔軟に変えていけるようになることが目標です。

ステップ1 どのスタイルで伝えるか考える

話し言葉でのコミュニケーションでは、口調や表情、ジェスチャーなど、言葉以外にさまざまな情報が加わります。そのため、話し手の想いや相手への感情が、書き言葉に比べて伝わりやすいのが特徴です（とはいえ、話し言葉は話し言葉で、自分の想いを、自分が感じたように伝えるのは難しいものですが……）。

一方、書き言葉では文字による伝達が基本なので、そのような言葉以外の情報が少なくなります。たとえば、SNSなどのように絵文字やスタンプを使うことで、気持ちを込めることもできますが、ビジネスやアカデミックな場面などのフォーマルなシチュエーションでは、それは逆効果になってしまいます。

言葉だけで気持ちを伝えられるようにしていくために、まずは、言葉選びについて考えていきましょう。ここでは、「ご確認ください」を例に考えていきます。「ご確認ください」のバリエーションは、他にどのようなものがあるでしょうか。私が考えるだけでも、次のようなものがあります。

ご確認ください。	ご確認いただけないでしょうか。
ご確認お願いします。	ご確認いただけませんでしょうか。
ご確認お願いいたします。	ご確認いただけますようお願い申し上げます。
ご確認お願い致します。	ご確認いただけると幸いです。
ご確認お願いいたします！	ご確認いただけますと幸いです。
ご確認お願いできますか。	ご確認いただけたら幸いです。
ご確認お願いできますでしょうか。	ご確認いただければ幸いです。
ご確認いただけますか。	

「確認してほしい」と伝えたいだけなのに、こんなにたくさんの表現が存在します。まずは、上記の表現を、似た者同士でグループに分けてみましょう。このようにグループ分けをすると、さまざまなスタイルがあることがわかります。

「ストレートに伝える」スタイル
・ご確認ください。
・ご確認お願いします。
・ご確認お願いいたします。
・ご確認お願い致します。
・ご確認お願いいたします！
・ご確認いただけますようお願い申し上げます。

「相手に委ねる」スタイル
・ご確認お願いできますか。
・ご確認お願いできますでしょうか。
・ご確認いただけますか。
・ご確認いただけないでしょうか。
・ご確認いただけませんでしょうか。

「自分、喜びます」スタイル
・ご確認いただけると幸いです。
・ご確認いただけますと幸いです。
・ご確認いただけたら幸いです。
・ご確認いただければ幸いです。

◆「ストレートに伝える」スタイル

　このスタイルで典型的なのが、「〜ください」「お願いいたします」を使うものです。ストレートな表現であるため、書き手が何を求めているのか明確に読み手に伝わります。あまりに遠回しな言い方では、読み手に書き手の意図が伝わりません。また、長すぎる文面だと、読み飛ばしてしまいます。そのため、メールでは端的に、わかりやすく書くことが求められ、このスタイルが好まれます。ただし、これらの表現は直接的に依頼をするものであるため、上から目線の指示というニュアンスを帯びることもあり、注意が必要です。

◆「相手に委ねる」スタイル

　文末を見るとわかるように、最後が「〜か。」で疑問文になっています。そのため、読み手に「〜するのは可能ですか」と尋ねるだけで、「〜してほしい」という書き手の欲求が表面上は隠されています。直接的な書き手の欲求を隠し、YesかNoかの選択権を読み手に委ねることで、柔らかな表現になります。

◆「自分、喜びます」スタイル

　メールでよく用いられる「〜幸いです」「〜助かります」といった表現がこのスタイルの典型です。読み手に直接何かを求めるのではなく、「自分はこうしてもらえたら嬉しいなぁ」と、読み手がしてくれたらいいなと思っていることを書き手目線で伝える方法です。仮定的な表現にすることで、より間接的で柔らかな表現になります。

このように同じ内容を伝えるにしても、伝え方のスタイルが違えば、読み手が抱く感情も変わってきます。また、同じスタイルの中にも、さまざまな言い方があります。では、「どんな場面で」「だれに」「どの表現」を使えばよいか考えてみましょう。

ステップ2 立場と状況を考えて表現を変える

　当たり前ですが、書き手・読み手それぞれに、立場と状況があります。その立場・状況は常に固定的なものではなく、さまざまに変化していくものです。その変化に合わせて、臨機応変に表現を変えて伝えることで、読み手の心に響く文章になります。ここでは、下の4人の人物データをもとに、どのような場面で、どの表現を用いるのがよいか考えていきましょう。

＜人物データ＞

自分

中堅社員。営業。メールで普段やりとりをしている相手にはじめて会ったとき、「メールだともっと怖い人だと思っていた」と言われがちなのが悩み。

取引先の厳しくて有名な部長A

取引先の部長。自分にも他人にも厳しい人。企画案を持って行ってもいつもダメ出しをされる。自分よりだいぶ年上。

取引先の親しい担当者B

取引先の担当者。普段から頻繁にやりとりをし、ときにはお酒を交わしながら議論をしたり愚痴を言い合ったりする間柄。自分のほうが年齢は下。

自社の同じ部署の先輩C

自社の同じ部署の5歳年上の先輩。仕事でミスをしたときもフォローしてくれる頼れる人。

自社の違う部署の後輩D

自社の違う部署にいる後輩。自分が入社当時からかわいがっており、自分のことを慕ってくれている。

◆①選択する語彙と否定形

> 約束していた納期に間に合わないかもしれないという緊迫した状況。相手の要望には叶わなかったが、できる範囲で善処した日程を伝えて、確認してもらいたい。

　場面は非常にフォーマルで、相手を怒らせないように、こちらの可能な対応方法を提案したい状況です。そのような場合は、「ストレートに言う」スタイルは避け、「相手に委ねる」スタイルがよいでしょう。また、「自分、喜びます」スタイルも、相手からのリク

エストを100%叶えることができず緊迫している状況では避けたほうが無難でしょう。

「相手に委ねる」スタイルのなかでも、否定疑問文と呼ばれる、「ないでしょうか」「ませんでしょうか」という形にすることで、より丁寧に見せることができます。疑問文の丁寧度の度合いの目安は、次のようになっています。

・ご確認お願いできますか。

・ご確認いただけますか。

・ご確認お願いできないでしょうか。

・ご確認いただけないでしょうか。

・ご確認いただけませんでしょうか。

丁寧

まず、どのような語彙を使うかを考えます。上図では、「お願いする」「いただく」の2種類がありますが、「お願いする」よりも、「いただく」のほうが明確な敬語表現のため、よりフォーマルで丁寧な印象を与えます。

つぎに、「いただく」のなかにも、ただの「いただけますか」という疑問文よりも、「いただけないですか」という「ない」をつけた否定疑問文のほうがより丁寧に見せることができます。

また、動詞の否定形には「ないです」と「ません」と2つの形があります。「ないです」のほうが比較的新しく若い世代の人に使わ

れる傾向があります。そのため、**取引先の厳しくて有名な部長A**の
ような人に対しては「ません」を使い、「ご確認いただけませんで
しょうか」とするほうがよいでしょう。また、**自社の違う部署の後**
輩Dの場合でも、このような緊迫したシリアスな場面では、「ご確
認いただけないでしょうか」と十分丁寧に表現するとよいでしょう。

　しかし、あまりに丁寧な言葉遣いを用いることで、逆に仰々しく
なってしまったり、冷たい印象を与えてしまうこともあります。そ
のようなときは、「いただく」という敬語表現を使うのではなく、「ご
確認お願いできないでしょうか」とし、すこし丁寧度を落としても
よいかもしれません。

◆②表記の違い

> 先方から頼まれていた資料を作成したので、それを確認してほ
> しい。

　相手から頼まれていた資料なので、「ストレートに伝える」スタ
イルか、「自分、喜びます」スタイルがよいでしょう。ただし、こ
れらのスタイルには、表記による違いがあります。

　・ご確認お願いいたします。
　・ご確認お願い致します。
　・ご確認おねがいいたします！
　上記の例では、「いたします」「致します」というひらがなか漢字

かという表記の違い、「。」「！」という記号の違いがあります。

「お願い致す」の「致す」は補助動詞で、本来の漢字の意味を有するものではないため、公的にはひらがなが用いられます。ちなみに、メールで用いられる「宜しくお願いいたします」の「宜」は常用漢字ですが、「よろしく」という読み方は常用漢字に含まれていないため、公的にはひらがなで表記されます。

このように公的ルールに則ってひらがなを用いるという人もいますが、もう1つのひらがなを用いる理由として、漢字のほうが硬いイメージを与えやすいというのがあります。

古来日本では、知識人は中国文化にならい、漢文を好んで使用していました。そのため、今でも漢語のほうが硬いイメージがあります。漢字表記にするか否かは個人の好みもあるでしょうが、**自社の違う部署の後輩D**のような距離の近い相手に対して、「ご確認お願い致します」を使用すると、よそよそしく冷たい感じがします。また、「よろしく」「いたします」のようなものはひらがなで書くほうが受け入れられやすいでしょう。

このような漢字で書くか、ひらがなで書くか（はたまたカタカナで書くか）、といった表記の問題は、**自分をどのように見せたいかで使い分ければ、自分らしい文章につながります。**

さらに、「。」は公的にも使用されるものですが、「！」はあまり使用されません。たとえば、**自社の同じ部署の先輩C**に対して、SNSなどで親しみを込めて「ご確認お願いいたします！」と打てば、頑張った意気込みのような思いが感じられます。

また、「ご確認いただけますようお願い申し上げます」という「いただく」「申し上げる」という敬語を多用している表現を**取引先の親しい担当者B**に用いた場合、やけに仰々しい感じがし、もしかして何か怒っているのか⁉　と相手にいらぬ心配をさせてしまうこともあります。

　一方、「自分、喜びます」スタイルの場合は、文法的に異なったいくつかの種類が存在します。意味はどれも同じく、仮定的に示すのですが、その文法上の性質から、「〜と幸いです」よりも「〜れば幸いです」のほうがより仮定性が表されて丁寧さが増すため、**取引先の厳しくて有名な部長A**のような相手に使うとよいでしょう。

◆③丁寧さを織り交ぜる

> 以前一緒に仕事をしていた人と、久しぶりにまた一緒のプロジェクトをすることになったため、挨拶のメールを送り、プロジェクトメンバーのリストを確認してもらいたい。

　時間の経過とともに、自分の立場も相手の立場も変化していきます。たとえば、**自社の違う部署の後輩D**が、20年後、自分より上の立場になることもあり得ます。その場合、親しい間柄であるものの、協力してプロジェクトを進めていく他部署の人間で、かつ自分より目上の人です。丁寧でありつつも、親しみを込めた、程よい距離感が感じられる文章を書きたいものです。そのような場合、どのスタイルでもよいのですが、さまざまな文体を織り交ぜるとよいです。

たとえば、全体はです・ます調でも、選ぶ語彙はカジュアルに、依頼をするときは丁寧な口調で、さらに過去の親しいエピソードも添えて……などはいかがでしょうか。

┌─ **20年後に上役となった後輩Dに宛てたメール** ─

D様

こんにちは。井伊です。
国研プロジェクトに声をかけてくださり、ありがとうございます。また一緒に仕事できると思うと、とてもうれしいです。

さて、早速ですが、プロジェクトのメンバーをリスト化しました。こちらの内容で間違いないか、ご確認いただけますでしょうか。

どうぞよろしくお願いいたします。

P.S.
今度、酒でも交わしながら、ゆっくり近況でも話しましょう！

営業部　井伊

人の数だけ、表現も違うんだなあ……。自分と相手にピッタリの表現を選べるようになりたいなあ……！

その通り！　自分らしい文章のスタイルは十人十色。みんな違って、みんないい。たくさん実践しながら、自分らしい文章のスタイルをさがしてみましょう！

Point

●相手との関係を考えた文章を書くためには……

①表現のスタイルを考える

②立場と状況を考えた表現を使いこなす

相手を「不快にさせず」に伝える

自分の意見を文章で伝えるとき、読み手にちゃんと自分の意図したことが伝わるか心配になります。伝え方が悪いと、嫌な気持ちにさせてしまうこともあり、文章を書くというのは難しいなと、だれもが一度は思ったことがあるのではないでしょうか。ここでは、「読み手を不快にさせずに上手に意見を伝える方法」を考えていきましょう。

あーこの企画書ボツにするって言わなきゃ……。こういう役回りってやだなあ

市江さん

そうですね。否定的な内容を「読み手を不快にさせないで」伝えるって難しいですよね。でも、いくつかポイントがあるので、その技を伝授しますね

　提出いただいた企画書は現実的ではなく、実行に移すのは難しいでしょう。市場調査のデータも不十分で、企画の裏づけとなるより明確な数字が必要です。また、ターゲットに関する記述も不明瞭です。ターゲットを明確にし、どのようなマーケティングを行なっていくのか、具体的な施策を書くべきです。以上のように、当案件についてはより慎重に検討する必要があります。貴部門にて再度ご検討願います。

　この文章は、ある営業部から統括部門に提出された企画書に対する意見書です。企画を否認するというネガティブな内容を伝える文面ですが、言葉の使い方がそのネガティブさを増幅してしまい、読み手にきつい印象を与える恐れがあります。言っている内容は正しいことでも、言い方1つで、その内容が相手に真摯に受け入れられるかどうかが左右されてしまいます。どのようにしたら、文面ににじみ出るネガティブな印象を緩和できるでしょうか。

　ここでは読み手を不快にさせずに意見を伝えるコツを見ていきましょう。

① 断定せずにあえて「余白」をつくる

　自分の意見を頭ごなしに否定されたら、だれでも傷つくものです。それが相手の顔が見えない書き言葉であれば、なおさらです。そのようなときは、意識的に「余白」をつくるとよいです。言われたほうも逃げ場があれば気持ちがすこしだけ楽になります。

　「余白」をつくるために、まずは断定的な言い方を避けてみましょう。たとえば、「かもしれない」「可能性がある」「と思う」など、**可能性を示す言葉や自分の考えであることが伝わる表現に変える方法**があります。たとえば、修正前の例で使っている「でしょう」というのは推量表現ですが、やや上から目線に感じられることもあります。「かもしれません」のような控え目言葉のほうがネガティブさを緩和してくれます（次ページ後 1）。

　とはいえ、このような文書では、曖昧な表現は避けたいという意図もあります。そのようなときは、残念な気持ちをつけ加えたり、客観的に状況を説明する文に変更する方法もあります（同後 2）。

　つぎに、**限定的な否定表現を用いて、否定する範囲を小さく見せる方法**もあります。

　たとえば、「現実的ではなく」は「現実的とは言えず」と表現すれば、言葉の持つ強さが和らぎます。さらに、「言えず」というのは「言えない」という直接的な否定表現です。そこで、「言い難く」と言い換えれば、「言うのは難しい」という意味になり、直接的な

表現ではなくなります。

前）提出いただいた企画書は現実的ではなく、実行に移すのは難しいでしょう。

→後1）提出いただいた企画書は現実的とは言えず、実行に移すのは難しいかもしれません。

　後2）提出いただいた企画書は現実的とは言い難く、残念ではありますが実行に移すのは難しい状況です。

「疑問表現」を使い、読み手に問いかける表現にすることでも言葉の強さを和らげることができます。その際に、疑問文の「か」と「と思います」を組み合わせた「かと思います」（後1）や、「ない」と「疑問文」を組み合わせた「否定疑問文」にするとより効果的です（後2）。そのとき、何について検討する必要があるのか、限定的に示すことで、より焦点が明確化し、読み手にとっても対処法がイメージしやすくなり、受け入れられやすくなります。

　前）より慎重に検討する必要があります。

→後1）より慎重に検討する必要があるかと思います。

　後2）〜の点については、いま一度ご検討いただけないでしょうか。

---

②「仮定的」に伝えることで可能性を示す

　自分の意見をただ否定されるばかりでは、読み手からはなかなか共感を得られません。そのようなときは、「**仮定的な表現**」を使って、「**ポジティブな可能性**」を示すと、読み手を不快にさせずに自分の意見を受け取ってもらえます。

> 　前）市場調査のデータも不十分で、企画の裏づけとなるより明確な数字が必要です。
> →後）市場調査のデータから明確な数字を盛り込んだ案なら、企画の裏づけとなり得たかもしれません。

> 　前）ターゲットを明確にし、どのようなマーケティングを行なっていくのか、具体的な施策を書くべきです。
> →後）ターゲットを明確にし、どのようなマーケティングを行なっていくのか、具体的な施策が書いてあれば、より詳細に検討できます。

③ 受け身を使って自分を「透明人間」にする

　何か意見を述べる際に、「（私は）〜と思います」のように、だれがそのように考えるのかはっきり述べないほうが、読み手へのネガティブな印象が和らぎます。そのためには、**受け身の文に変え、主**

語の「私」を見えなくしてしまうのが効果的です。次の例では、文字として「私が」と書いていなくても、「検討した」「思う」のは「私」であり、読み手に強い印象を与えてしまいます。

前）（私が）検討したところ、このような案では企画会議を通すことは難しいと思います。
→後）検討の結果、このような案では企画会議を通すことは難しいと思われます。

ここまでのポイントをまとめて書き直してみるとこうなります。

市江さんが書き直した「営業部の企画書に対する意見」

提出いただいた企画書は現実的とは言い難く、残念ではありますが実行に移すのは難しい状況です。市場調査のデータから明確な数字を盛り込んだ案なら、企画の裏づけとなり得たかもしれません。また、ターゲットに関する記述も不明瞭であったため、ターゲットを明確にし、どのようなマーケティングを行なっていくのか、具体的な施策が書いてあれば、より詳細に検討できます。以上のように、より慎重に検討する必要があるかと思います。貴部門にて再度ご検討いただけますよう、お願いいたします。

たしかに、これならショックはショックだけど、「よしもう一度がんばるぞ」という気持ちになりますね！

Point

●共感を得るためには…

①断定せずにあえて「余白」をつくる

②「仮定的」に伝えることで可能性を示す

③受け身を使って自分を「透明人間」にする

気持ちを込める

ふだんの印象とは異なり、メールでは冷たい印象を抱くことはありませんか。メールでのコミュニケーションが当たり前の昨今だからこそ、定型文とは一味違う、書き手の人柄がにじみ出てくるようなメールが書ければ……。この人ならと信頼を勝ち得ることができれば……。ここでは「書き手の想いを読み手に想像させるメールの書き方」について考えていきましょう。

文章を書くのは難しいけど、メールは定型文をコピペして使えばいいから簡単だ！

井伊くん

たしかに定型文は便利だし、わかりやすいかもしれないけど、本当にそれだけでいいのですか？　自分らしさは？

え？　自分らしさ……？

山田様

いつもお世話になっております。
先日はありがとうございました。

会議の中でもお伝えいたしました通り、X月X日までに納品で
きるよう努めてまいります。

どうぞよろしくお願いいたします。

国立株式会社　井伊

　このようなメールは、定型文を使った、多くの人が用いている形
です。重要な情報だけが端的にまとめられており、すっきりとした
わかりやすいメールです。

　一方で、これが、これまで何度も納品が遅れている会社からのメ
ールならどうでしょうか。本当に間に合うのか心配にならないでし
ょうか。また、会議の中で、サプライアーからの部品の納品が遅れ
ていて、希望納期に間に合わせることが難しいと話が出ていたらど
うでしょうか。どのぐらいの確証があってこのメールを送っている
のか不安にならないでしょうか。

ただ単に定型文だけを用い、必要なことだけを伝えるというのは、最低限のお作法のようなものです。そのお作法を守っていることで相手に失礼をしないという面はクリアできます。

　一方で、申し訳ないと思う気持ちや、なんとしてでも納期に間に合わせるといった気持ちは感じ取れません。最低限のお作法を身につけたら、次のステップは自分の気持ちを伝えるメールにアレンジしていきましょう。

① 定型文にオリジナリティを加えてアレンジ

　まずは、定型文に一言添えることでアレンジしてみましょう。メールの定型文の代表格である「よろしくお願いいたします。」ですが、今回の場合、次のようにアレンジしてみたらどうでしょうか。申し訳なく思っている気持ちが伝わってきませんか。

> 何度も不安にさせてしまい大変恐れ入りますが、もう少しだけお時間いただけますよう、何とぞよろしくお願いいたします。

　また、次の例のように、部品調達の目処が立ったことが添えられていると、読み手の不安も払拭されます。

> サプライヤーにも再度確認を取り、部品調達の目処が立ちましたので、もう少しだけお時間いただけますよう、何とぞよろしくお願いいたします。

また、「お忙しい中大変恐れ入りますが、よろしくお願いいたします」もとてもよく使われます。この表現も「忙しい中申し訳ないな」という気持ちを込めて使われるものですが、あまりに頻繁に使用されているため、もはや定型文と化しています。そのため、申し訳ないという気持ちが十分に伝わらず、読み飛ばされてしまうかもしれせん。たとえば、次のような文章ではどうでしょうか。

例）年度末でお忙しい時期だと存じ上げているのにお願いばかりで心苦しいのですが、お力添えをいただければ幸いです。

　年度末や期末はどこも忙しいですよね。お願いされるほうも大変ですが、お願いするほうも気を使います。仕事なのでそれでもお願いしなければならないことがあります。

　そのようなときに、上記のような表現を使えば、「年度末で忙しいとわかっていること」「お願いばかりが続いていて申し訳ないと思っていること」という書き手の配慮が読み手へも伝わります。

　また、上記の例では、「よろしくお願いいたします」の代わりに、「お力添えをいただければ幸いです」という表現を使っています。いつも同じ「よろしくお願いいたします」では単調になってしまうので、「〜ば幸いです」「〜ば助かります」「〜ばありがたいです」などの別の表現に変えるのもよいでしょう。

■「よろしくお願いします」の言い換え表現

よろしくお願いします	・お力添えをいただければ幸いです
	・～をお願いできれば助かります
	・～いただければありがたいです
	・嬉しいかぎりです

　仕事上、同じ人に対して、いくつかのお願いを重ねてしなければならないこともあります。仕事とは言え、「またか……」と気まずい想いをすることはないでしょうか。そのようなときにどのような表現を使えばよいでしょうか。

> 例）別件でもお願いしておりますのに、重ねての依頼となり恐れ入りますが、ご検討いただければ幸いです。

　「何個も依頼をしているとわかっていること」「そしてそれを申し訳なく思っていること」が伝わりませんか。

　よく、想いは言葉にしないと伝わらないなどと言われます。その真偽はさておき、相手の顔の見えないメールでのコミュニケーションでは一理あると思います。

　忙しいとだれでも心の余裕がなくなってしまうことがあるものです。そのようなときに、一言あるかないかだけで、受け取る側の心持ちが変わると思います。当たり前のことほど、しっかりと言葉で表すことが必要なのかもしれません。

　たとえば、上司から部下へのねぎらいはどうでしょうか。普段、

なかなか上司からほめられることはないかもしれませんし、上司も部下をほめることがないかもしれません。面と向かってそのようなことを言うのは照れ臭いかもしれませんし、忙しいとそのような時間もなかなか取れないかもしれません。そのようなときこそ、メールで伝えてみませんか。メールは相手の都合のよいときに見てもらえ、かつ時間をかけて考えることができるので、普段言い慣れていないことでも考えて書くことができます。次のような一文が上司からのメールに添えられていたら……あなたはどのように感じますか。

例）いつも丁寧な対応をありがとうございます。これからも頼りにしています。

一言添えるだけで、こんなに書き手の気持ちが伝わるのかぁ……！

② 軽く笑えるユーモアを

ユーモアって難しいですよね。テレビのバラエティ番組で関西の芸人さんがユーモアを混ぜたやりとりを上手にしているのを見て、いつもうらやましく、自分もこのように上手な言い回しができたらいいなと思っています。文章においても、特にメールのようなコミュニケーションとしての書き言葉では、ユーモアがあることで、ぐ

っとその人らしさが伝わり、生き生きとした文章に変身します。

　とはいえ、ユーモアと言われるとハードルが高く感じられるかも
しれません。私もおもしろいことが言えないので、自分には無理だ
と思っていました。でもあるとき気がつきました。ユーモアのある
一文が入っていれば十分なんです。

　たとえば、納期が迫っていて最後の追い込みだというときに、あ
る仕事相手から、冒頭につぎのような一文があるメールが送られて
きたことがあります。

```
メールを拝読し、コーヒーを飲み、マカロンを食べて気合を入
れ直しました。
```

　この一文を読んだとき、張り詰めていた気持ちがほっこりしまし
た。そのときは仕事が大詰めで、疲れがたまっていたころでしたが、
この一文が最初に書かれたメールを読んで、くすっとなりましたし、
よし私もがんばろうという気持ちになりました。

　このように、ちょっとしたユーモアのある文が入ることで、相手
の気持ちを軽くし、お互いに仕事にも力を入れられるのではないで
しょうか。

　他にはどのような例があるでしょうか。たとえば、お酒が好きな
方なら、次のような例はどうでしょう。仕事終わりのビール、最高
ですよね。

> この仕事をやり遂げたあとに飲むビールの味を思い描いて、
> あと1週間抜けがないようしっかり確認してまいります。

プロジェクトの合間にリフレッシュしようというときなら……。

> 週末は温泉で疲れを洗い流してきます。来週は心を新たによ
> リー層データ分析に打ち込みますね。

　何も難しいことを書かなくていいんです。お笑い芸人さんのよう
におもしろいことも言えなくていいんです。相手がほっこりしたり、
くすっとなったり、少しでも気持ちがほぐれれば大成功です。この
ようなちょっとしたユーモアを盛り込んだ文章というのは、書き手
のキャラクターが身近に感じられます。相手との関係を考えながら、
どのようなものなら相手に気持ちよく受け取ってもらえるか考えて、
自分らしい文章を書いてみてくださいね。もちろん、ユーモアに自
信がある人は、どんどんチャレンジしてください！

> ユーモアって、別におもしろいことを言わなくてもいいん
> のかあ……！　これなら僕にもできそう

③ コミュニケーションの種まきとしての追伸
━━━━━━━━━━━━━━━━━━━━━━━━━━━━━━━━━━━━━━

　子どものころ、友達と手紙の交換をしませんでしたか。女子に多いのかもしれませんが、その手紙の中に「P.S.」を書くのがはやった時期がありました。実はこの「P.S.」というのが、大人になったいまでも、けっこう使える表現なのです。

　「P.S.」や「追伸」というふうに書くことが多いですが、これらは、メールの本筋とは違うけれども、余談として話したいことがあるときに使用されます。メールの本文では、定型文を上手に使いながら伝えたい内容だけを端的に伝え、追伸欄で近況報告をしたり、何かちょっとしたお知らせを書きます。そうすることで、業務内容と個人的なことを明示的に表すことができ、読み手にもわかりやすく、かつオリジナリティあふれるメールになります。

　たとえば、営業職で取引先との会食をよく行なっているような仕事であれば、次のような追伸を加えることで、次の会食場所でよいところがあったことなどを伝えるのはどうでしょうか。会食場所の提案だけでなく、母との関係性もうかがえる文章になっています。

> 追伸
> 昨日母の誕生日祝いで行った中華料理店の北京ダックが最高でした！　静かで雰囲気もよかったので、ぜひ次の〇〇会社との会食で使いませんか。

　また、プライベートの話をよくしている相手であれば、仕事とは

全く関係のない家族などの話題をするのもよいと思います。仕事とは全く関係ありませんが、人間味があり、親近感がわいてきませんか。

> 追伸
> 先日子どもの運動会がありました。去年までは泣いて何もできなかったのに、笑顔でダンスする姿に成長を感じました。それと同時に、早くも巣立ちの日を考えてしまい、夜な夜な写真を見ながら晩酌してしまいました……笑

　このような仕事とは全く関係のない話は一見無意味で、ビジネスのメールでは入れないほうがよいと思われる人もいるかもしれません。あまり親しくない取引先に宛てたメールであればたしかに適切ではないかもしれませんが、同じ部署の人や古くから関係がありプライベートな話もするような取引先の人であれば、大きな問題はないでしょう。

　このような仕事に関係のない話は、その人の人柄をよく感じられますし、実際に会って話をしたり、仕事で食事に行ったりした際の雑談にもつながります。雑談は、「雑」な話であってあまり重要なものでないと思われるかもしれませんが、相手との関係を構築するうえで実は非常に重要な会話です。この雑談につながる種まきをメールでしておけば、実際の対面でのコミュニケーションにも役立ちます。

このように、追伸を使いこなすことで、自分の近況や身の回りに起きたことを報告したり、話題を提供することができるようになります。相手との関係を踏まえつつ、まずは同僚や同期など身近な存在の人から追伸のついたメールを書いてみませんか。ちなみに、ついつい追伸が長くなりすぎてしまったり、何度かやりとりしているうちに、追伸がメインになってしまうこともありますが、それはご愛嬌ということで、相手との関係を考えながら使ってください。

対面で会うとき、何を話せばいいか迷うことがあるけど、追伸で話題づくりをすることができるのかあ……！　よし、まずは身近な人に使ってみよう！

ここまでのポイントをまとめて、書き直してみるとこうなります。

先生が書き直した「取引先に納品日を伝える」メール

山田様

いつもお世話になっております。
先日はありがとうございました。

サプライアーに再度確認を取り、部品調達の目処が立ちました。ご希望の2月14日までに納品できるよう、引き続き綿密に連絡を取り合いながら、最後までフォローしてまいります。

何度も不安にさせてしまい大変恐れ入りますが、もう少しだけお時間いただけますよう、何とぞよろしくお願いいたします。

追伸
この仕事が一段落しましたら、ぜひ一緒においしいビールを飲みましょう！　おすすめのクラフトビールのお店があります。

国立株式会社　井伊

相手への配慮や、書き手の誠実さが伝わってきませんか？

よし、僕もあったかくて、ちょっとほっこりするようなメールを書けるようになるぞ！

●書き手の想いが伝わる文章を書くためには…

③定型文をそのまま使うのではなく、一言添える

④思わず笑みがこぼれるユーモラスな一文を入れ
る

⑤追伸を活用して雑談のタネをまく

おつかれさまでした！

あとがき

　かつてMLBの野球選手だったイチロー氏は作文が嫌いだったらしく、SMBC日興証券株式会社のYouTubeでの企画【人生100年　イチロー人生すごろく】の「＃5　ゼミでの卒業論文が表彰される」においてそのことを告白しています。

（https://www.youtube.com/watch?v=CpD9-jHVFFU&list=PLmizDd4zjjxfXclfB6sayL-FuY0I6B83s&index=11）

作文とか大っ嫌いでした。
読書感想文が、とにかく夏の課題であるじゃないですか。
大っ嫌いで、とにかく埋めていく作業、
感想じゃなくて、埋める作業、僕にとっては、
強調するために、たとえば「ずっと」って書くところを
「ずーーーーーーーーーーーっと」とかって埋めていって
しばかれるっていう、そういう子どもだったんです。

本書の執筆者たちは、国立国語研究所の研究プロジェクトのなかで、高校生の作文を大量に読む機会に恵まれています。そこで共通して感じたことは、文章を書くのが苦手な高校生は、イチロー氏とまったく同じように、作文というのは字を埋めるものだと感じているということです。

　思いついたことをかたっぱしから書いていき、予定の字数が来たら終わる。来ていなくても書くことがなくなったら終わる。そのような感じで文章を書いているのが現実でした。それでは、いつまで経っても、読み手に読ませる作文にはなりません。書いている本人もつらいでしょうし、読まされる読み手もつらいでしょう。
　大事なことは、書き手が自分の頭のなかに架空の読み手を持ち、その読み手のフィルターをとおして自分の文章を批判的に検討することです。そうしたプロセスがなければ、文章の質はけっして上がりません。

　そうした危機感から、本書は、文章を書くのが苦手な人、上手になりたい人を対象に、「読み手のフィルターを通して自分の文章を吟味する」という文章のコツがわかるように、5つの段階を追って書けるようにすることを目指しました。
　そうした執筆者の思いがどのぐらい本書に反映できたかは心許ない面もありますが、本書が広く活用され、作文嫌いの方々の、文章を書くことに対する苦手意識を克服することを願ってやみません。

本書をまとめるにあたり、日本実業出版社の山田聖子さんにはたいへんお世話になりました。深く感謝申し上げます。そして何より、本書を手に取ってくださった読者のみなさまに心からの御礼を申し上げ、みなさまの書いた、心のこもった文章を、今度は私たちが読ませていただく未来が来ることを願いつつ、筆をおかせていただきます。ありがとうございました。

2023年1月　執筆者を代表して　石黒 圭

ブックデザイン　新井大輔（装幀新井）
本文イラスト　福士陽香
DTP　一企画

編　者
石黒　圭（いしぐろ　けい）

1969年大阪府生まれ。神奈川県出身。国立国語研究所教授。一橋大学社会学部卒業。早稲田大学大学院文学研究科博士後期課程修了。博士（文学）。専門は文章論。『文章は接続詞で決まる』『『読む』技術』『語彙力を鍛える』（いずれも光文社）、『『接続詞』の技術』（実務教育出版）、『論文・レポートの基本』『形容詞を使わない大人の文章表現力』（日本実業出版社）など著書多数。

「はじめに」
「おわりに」
各章の扉を担当

共著者
井伊　菜穂子（いい　なほこ）

国立国語研究所研究系プロジェクト非常勤研究員。都留文科大学語学教育センター非常勤講師。女子栄養大学栄養学部食文化栄養学科非常勤講師。一橋大学大学院言語社会研究科（第2部門）修士課程修了。日本語学習者の縦断作文コーパス構築のためのデータ収集とデータ整備などに従事。専門は文章・談話論、接続詞研究。

第1章「構成に沿って書く」「段落を整える」
第2章「文と文をスムーズにつなぐ」「導入で興味を惹きつける」担当

市江　愛（いちえ　あい）

東京都立大学国際センター特任助教。東京都立大学大学院人文科学研究科博士後期課程修了。博士（日本語教育学）。国立国語研究所共同研究プロジェクト「日本語学習者の作文の縦断コーパス研究」に共同研究員として参加。専門は日本語教育学、第二言語習得研究。

第4章担当

井上　雄太（いのうえ　ゆうた）

国立国語研究所研究系プロジェクト非常勤研究員。女子栄養大学栄養学部食文化栄養学科非常勤講師。日本語学習者の作文の縦断コーパスや日本語学習者の談話の縦断コーパス構築にかかわる研究に従事。専門分野は、会話分析・社会言語学・テーブルトークRPG研究。

第1章「アイデアを可視化する」
第3章「情報を検索する」担当

本多　由美子（ほんだ　ゆみこ）

国立国語研究所研究系特任助教（2023年4月より）。一橋大学大学院言語社会研究科博士課程修了。博士（学術）。日本語学習者の作文の縦断コーパス構築や高校生の執筆作文の分析などに従事。専門は語彙、漢字、日本語教育。

第2章「情報を選んで書く」
第3章「読み手に合わせて情報を加える」「ウソを書かない」担当

日本語研究者がやさしく教える
「きちんと伝わる」文章の授業

2023年3月1日　初版発行

編　者　石黒　圭 ©K.Ishiguro 2023
著　者　井伊菜穂子 ©N.Ii 2023
　　　　市江　愛 ©A.Ichie 2023
　　　　井上雄太 ©Y.Inoue 2023
　　　　本多由美子 ©Y.Honda 2023
発行者　杉本淳一

発行所　株式会社日本実業出版社　東京都新宿区市谷本村町3-29 〒162-0845
　　　　編集部 ☎03-3268-5651
　　　　営業部 ☎03-3268-5161　　振　替　00170-1-25349
　　　　　　　　　　　　　　　　　https://www.njg.co.jp/

　　　　　　　　　　　印　刷／堀内印刷　　　製　本／共栄社

ISBN 978-4-534-05986-4　Printed in JAPAN

下記の価格は消費税（10%）を含む金額です。

この1冊できちんと書ける！
論文・レポートの基本

石黒　圭
定価 1540円（税込）

論文・レポートの"構成"と"書き方"を完全マスター！　文章のスペシャリストであり、多くの学生たちを指導する著者がウソがなく、ささやかなオリジナリティのある文章を書く方法を紹介します。

形容詞を使わない
大人の文章表現力

石黒　圭
定価 1540円（税込）

すごい、かわいい、やばい、しばしばなどの「形容詞」と「副詞」ばかり使っていると「バカっぽく」見えることも！
国立国語研究所の教授が教える、9つの大人の文章表現技法やテクニック。

文章力の基本
簡単だけど、だれも教えてくれない77のテクニック

阿部紘久
定価 1430円（税込）

「ムダなく、短く、スッキリ」書いて、「誤解なく、正確に、スラスラ」伝わる文章力77のテクニック。「例文→改善案」を用い、難しい文法用語を使わずに解説。即効性のある実践的な内容。

定価変更の場合はご了承ください。